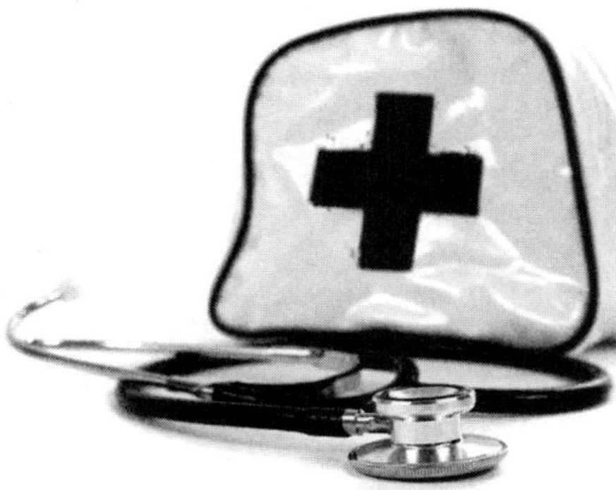

LUDZIE
NA WALIZKACH

[SZYMON HOŁOWNIA]

LUDZIE NA WALIZKACH

WYDAWNICTWO ZNAK | KRAKÓW 2008

Projekt okładki i opracowanie graficzne
Vavoq (Wojciech Wawoczny)

Opieka redakcyjna
Mariusz Gądek

Adiustacja
Małgorzata Biernacka

Korekta
Anna Krzyżak

Łamanie
Mariusz Warchoł

ISBN 978-83-240-1047-9

znak

Książki z dobrej strony: www.znak.com.pl
Społeczny Instytut Wydawniczy Znak, 30-105 Kraków, ul. Kościuszki 37
Bezpłatna infolinia: 0800-130-082, e-mail: czytelnicy@znak.com.pl
Gadu-Gadu: 8182

MAM CZEKAĆ NA CUD?

[Sebastian Luty]

Sebastian nie jest rozmówcą na długie, pełne dygresji wywiady. Widać, że organicznie nie znosi rozwodzenia się nad swoim stanem. Spotkaliśmy się w jego mieszkaniu na nowym, warszawskim osiedlu. Grający telewizor, kot domagający się, by wypuścić go wreszcie na balkon, dzwoniąca komórka, laptop co chwila sygnalizujący odebranie nowej poczty. I Sebastian nie mogący wprost usiedzieć w miejscu, lawirujący między tym wszystkim na wózku. Pojechaliśmy do sąsiedniej klatki – pokazał mi swoją siłownię, zjechaliśmy do garażu, aby obejrzeć przystosowany dla niepełnosprawnych „kosmiczny" samochód. Stosowałem triki, próbowałem wydusić jakieś ważkie puenty i mądrości, ale rozmowa i tak wracała w końcu do faktów, zdarzeń, do historii...

Pamiętasz swoje największe marzenie?

Niebo, gorący piasek, jestem na plaży gdzieś, gdzie jest ciepło. Prowadzę mały hotelik, może szkołę kite-surfingu.

Piękne i bardzo kosztowne.

Wcześnie zacząłem pracę. Na drugim roku studiów skrzyknęliśmy się z kolegami z roku. Ubezpieczenia, branża może mało ambitna, ale byliśmy młodzi, gniewni, mieliśmy garść fajnych pomysłów. Szło nam świetnie, zatrudnialiśmy na stałe kilkadziesiąt osób. Harowałem jak wół, większość pieniędzy wydawałem na hobby – podróże, sporty ekstremalne. Wspinałem się w Peru, w Ekwadorze, w Syrii, w Jordanii, w Kazachstanie, dwa razy mało się nie zabiłem. Łaziłem po jaskiniach, uprawiałem kolarstwo górskie, byłem nawet zawodnikiem w profesjonalnym klubie. Próbowałem nurkowania na Hawajach i w Egipcie, ale to było jednak zbyt nudne, zero adrenaliny, nie dla mnie. Moja ostatnia miłość to kite-surfing, jazda na desce za wielkim spadochronem, który działa jak żagiel. Próbowałem też mountain-kitingu, gdzie zamiast po wodzie śmiga się po piasku. W firmie parłem do przodu, a wszystko, co zarobiłem, wydawałem na to, by przekonać siebie, że kręci mnie co innego, że gdzieś tam w środku nie jestem tym poważnym biznesmenem.

To pachnie rozdwojeniem jaźni.

Bo tak było. Byłem nietypowym szefem, nie ogarniałem spraw organizacyjnych, najlepiej czułem się w nowych wyzwaniach w kontakcie z ludźmi. Miałem dwadzieścia kilka lat – garnitury, krawaty, „dzień dobry, panie prezesie" – czułem, że to nie jest mój świat. To napięcie skończyło się u psychiatry, pojawiły się epizody depresji lękowej. Postanowiłem, że czas zwolnić, pojechałem na pół roku na Hawaje. Bawiłem się, latałem na kajcie. Poznałem Myrę, pół Filipinkę, pół Hawajkę, zakochałem się. Postanowiłem – dość katowania się tą schizofrenią. Powiedziałem Myrze, że jadę do Polski, sprzedaję swoje udziały i wracam. Chcę ułożyć sobie z nią życie, założyć niewielki interes, chodzić do pracy w krótkich, plażowych spodenkach. W kraju spędziłem osiem miesięcy. Zamykałem swoje sprawy, dogadywałem się ze wspólnikami. W grudniu 2004 spakowałem się, pożegnałem z rodziną i poleciałem na Hawaje.

Kolejny ekscytujący projekt?

Nie, po raz pierwszy uczucie, że to ja robię z życiem, co chcę. Że odzyskałem nad nim pełną kontrolę. Myra odebrała mnie na lotnisku, oboje byliśmy bardzo zakochani, szczęśliwi, nakręceni, zaczynamy nowe życie. Noc spędziliśmy w hotelu, nie mieliśmy jeszcze mieszkania. Następnego dnia, 15 grudnia, pojechaliśmy na plażę. Spędziłem na niej ostatnie pół roku, znałem ją jak własną kieszeń, łącznie z prądami, muldami pod wodą. O tej porze było zupełnie pusto, posiedzieliśmy kilka minut, postanowiłem się wykąpać. Dałem Myrze buziaka, poszedłem do wody. Sam z niej nie wróciłem.

Skok na główkę?

Gdyby to był skok na główkę, miałbym pretensje do siebie. Ale do kogo mam mieć pretensje, jeśli robiłem wszystko tak jak tysiące razy przedtem? Wbiegłem do wody i po prostu dałem nura przed siebie. Nie wiem, co to było – mulda czy cokolwiek innego. Usłyszałem tylko chrupnięcie w kręgosłupie. Momentalnie mnie sparaliżowało. Głowa na dół, ręce na bok. Cały czas byłem świadomy, czułem jak fale się mną bawią. Któraś wyrzuciła mnie w końcu na brzeg. Wyglądało to tak, jakbym odpoczywał na piasku. Miałem też porażone mięśnie klatki piersiowej. Leżałem kilka metrów od Myry, ona czytała książkę, ja próbowałem prosić ją o pomoc, ona nie mogła tego usłyszeć... Kłopoty zaczęły się, gdy kolejna fala zabrała mnie z powrotem do wody. Pływałem twarzą do dna... Później była klasyka – przelot slajdów z całego życia. Dziś myślę, że te slajdy wyświetlają się dlatego, że człowiek szuka w swojej przeszłości pomysłu na to, co mógłby zrobić, gdy umiera, gdy ma w głowie totalny chaos, gdy nie wie, co ma o tym myśleć. Nic nie możesz zrobić, wiesz, że się topisz, wiesz, że brakuje ci powietrza. Ale ja do końca wierzyłem, że ktoś mnie wyciągnie. Nawet wtedy, gdy w końcu zassałem wodę. Doskonale pamiętam ten moment – jeszcze większy chaos, jeszcze więcej slajdów. Nagle czarna dziura. Obudziłem się tydzień później w szpitalu.

Kiedy Myra zorientowała się, że coś jest nie tak?

Po kilku minutach. Zaczęła wyciągać mnie z wody, co nie było łatwe, bo ona waży pięćdziesiąt kilo, a ja byłem wtedy postawnym facetem. Byłem w stanie agonalnym, zrobiła mi sztuczne oddychanie. Ta plaża była bezludna, zanim przyjechała karetka, minęło dobre kilkadziesiąt minut. Podczas transportu zatrzymywało mi się serce, reanimowano mnie. W szpitalu lekarze zdiagnozowali uraz rdzenia na poziomie kręgu szyjnego C5, a więc bardzo wysoko. Nie byli w stanie zabrać się do rdzenia od razu, bo przez pierwsze dwa tygodnie musieli ustabilizować krążenie i oddychanie. Później zaczęły się operacje, najpierw płuc, później kręgosłupa. Trzy miesiące na respiratorze, z ważącego siedemdziesiąt pięć kilogramów faceta zmieniłem się w czterdziestoośmiokilogramowe dziecko. Byłem przytomny, ale nie mogłem mówić. Porozumiewałem się z ludźmi, mrugając powieką, gdy oni pokazywali jakąś literkę. Oprócz złamanego kręgosłupa miałem też pękniętą tętnicę, która otworzyła się i zaczęła dolewać mi krwi do mózgu. Fajnie, pomyślałem, nie dość, że czeka mnie życie na wózku, to jeszcze będę miał udar.

Kiedy dotarło do Ciebie, co się stało?

Myra mi powiedziała. Pierwsze, co jej próbowałem przekazać, to żeby nie dzwoniła do mojej mamy, bo ona na pewno się zdenerwuje. Dwa tygodnie w tym szpitalu i pójdziemy do domu. Powoli do mnie docierało, że mam uraz rdzenia. Ale nigdy nie wpadłem w jakąś panikę, nie pamiętam żadnego wybuchu złości czy rozpaczy. Może poza jednym momentem, gdy lekarka ze szpitala na Hawajach powiedziała mi, że według jej najlepszej wiedzy szanse na to, że kiedyś będę chodził, są żadne. Ona wcześniej mówiła Myrze, że nie przeżyję, a mojej mamie, że nie będę samodzielnie oddychał. Rozpłakałem się, nawrzeszczałem na nią, wiedziałem, że muszę dać z siebie wszystko, że za dwa lata wszystko będzie dobrze. Ułożyłem plan. Gdy tylko odłączyli mi respirator, zacząłem powoli się rehabilitować. Najpierw na Hawajach, później wróciłem do Polski, do Konstancina. Przez pół roku ja ćwiczyłem w Konstancinie, Myra zamykała swoje sprawy na Hawajach. Przyjechała do mnie, zamieszkaliśmy razem.

W jakim stanie jesteś teraz?

Pęknięta kość wbiła się w rdzeń tylko na dwa milimetry, mam całkowicie sparaliżowane nogi i tułów, częściowo porażone ręce, dłonie i palce. Siedzę na wózku, bo jestem do niego przywiązany pasem. Jeśli chcę zejść z wózka – potrzebuję pomocy. Mam zachowane czucie w całym ciele, nie mam czucia bólu, czucia ciepła i zimna. Umiem myć zęby, jeść, odgrzewać sobie coś w mikrofalówce. To są dziś moje sporty ekstremalne. Pięć godzin dziennie ćwiczę z terapeutą. Poszukałem trochę w Internecie, podzwoniłem i zacząłem program przygotowywania mojego ciała i układu nerwowego do tego, by na przykład za rok zrobić operację przeszczepu komórek macierzystych do rdzenia kręgowego. Te operacje już są robione w Portugalii, w Stanach, w Chinach i w Rosji.

Niektórzy mówią, że taka terapia to handel nadzieją, rozbój w biały dzień – cierpiący człowiek wydaje mnóstwo pieniędzy, a efekty są żadne.

Może z perspektywy zdrowego człowieka one są żadne. Może nie wstanę z wózka, ale jeśli będę w stanie się z niego przesiąść, to znaczy, że jestem samodzielny. Przy moim stopniu uszkodzenia rdzenia szanse są całkiem realne. Nawet jeśli ta operacja będzie za rok czy dwa, chcę być na nią gotowy. Kości nie mogą być zżarte przez osteoporozę, muszę utrzymywać moje mięśnie w takiej kondycji, żeby były w stanie podjąć swoje funkcje. Ćwiczę trzy i pół roku, opuściłem może trzy dni.

Twój pierwszy plan zakładał, że wszystko będzie dobrze po dwóch latach.

Mój plan przekształca się w długoterminowy. OK, rehabilitacja nie daje już tak wyraźnych efektów. Ale jakbym dziś wyglądał, gdybym jej nie robił? Nie liczę już na rewolucję, ale muszę doczekać do operacji. Jeśli to ma zająć następne pięć lat...

Albo dziesięć, albo piętnaście...

I co z tego? Osoby po takim urazie jak mój ćwiczą rok, dwa i się poddają. Nie ma wyraźnych postępów, w mózgu przeskakuje zapadka – trudno, spędzę resztę życia na wózku. A ja się zawziąłem. Wszystko wokół jakoś tak poustawiałem, że moi bliscy nie za bardzo mają czas, by się nade mną rozpłakać. Jak będzie trzeba, będę ćwiczył i dziesięć lat. I dwadzieścia. Czy twoim zdaniem mam się położyć i czekać na cud?

Nigdy o niego nie prosiłeś?

Nigdy nie byłem zbyt religijny. Ani Boga o nic nie prosiłem, ani go nie obwiniałem. Jasne, przez chwilę przyszło mi do głowy, że może to kara boska. Szukałem czegoś w życiu, za co mógłbym zostać ukarany. Poza niewielkimi historiami z urzędem skarbowym nie znalazłem nic. Więc przestałem się zastanawiać. A może cudem jest to, że ja ani przez chwilę nie straciłem wiary w to, że będzie dobrze, że się uda? Wiem, że będzie dobrze, na pewno.

A może wmawiasz to sobie.

Jestem dokładnie taki sam jak przed wypadkiem. Tylko już bez tego biznesowego gorsetu. Ćwiczę te pięć godzin dziennie. Dzięki przyjaciołom nadal jeżdżę po świecie. Egipt, Australia, Mazury. Chodzę ze znajomymi na imprezy i wracam z nich czasem w takim stanie, że gdyby nie to, że siedzę na wózku, to bym się przewrócił.

Jesteś w szczęśliwym położeniu, że możesz sobie na to pozwolić. Wielu ludzi w twojej sytuacji żyje z renty.

Dostaję od państwa te same 530 złotych. Na leczenie wydałem pieniądze, które sam zarobiłem, i za które przez resztę życia miałem spełniać marzenia. Wiem, że to zabrzmi głupio, ale mimo że pracowałem w ubezpieczeniach, nie kupiłem polisy, lecąc na Hawaje. Na szczęście koszty pierwszej operacji, pobytu w szpitalu, pół miliona dolarów, pokrył stan Hawaje. Ja musiałem znaleźć czterdzieści tysięcy dolarów na transport. Moja rehabilitacja kosztuje dziesięć tysięcy złotych miesięcznie. Przeszczep komórek w Chinach i dwumiesięczny pobyt to jakieś sto tysięcy euro, a żeby to dało efekt, to takich operacji powinno być ze trzy. Moje środki już się skończyły. Teraz trochę inwestuję na giełdzie. Założyłem sklepik internetowy, sprzedaję hawajską biżuterię, korale. Nie mogę jednak rozkręcić tego biznesu na większą skalę, bo nie miałbym czasu na rehabilitację, a to jest mój priorytet. Muszę więc żyć z tego, co dostanę od bliskich. Wypadek scementował przyjaźnie, one są teraz głębsze niż przedtem. To przyjaciele wymyślili fundację, która ma wspierać moje leczenie.... Znajomi, rodziny, znajomi znajomych, zrobiliśmy wielką imprezę, licytację. Wyposażyłem siłownię, która pozwala mi szykować się do operacji. Chcę teraz przekształcić fundację w organizację pożytku publicznego, pomyśleć o jakimś centrum informacyjnym dla osób niepełnosprawnych, stronie internetowej, gdzie będzie można znaleźć informacje o najnowszych terapiach, sposobach rehabilitacji. Może część z nich uda mi się dzięki fundacji sprawdzić na sobie. Będę królikiem doświadczalnym, przetrę szlaki dla innych.

Co na to Myra?

Ona uratowała mi życie. Nikt nigdy nie zrobi dla mnie więcej. Na Hawajach, już po wypadku, wzięliśmy ślub. Ale jej przyjazd do Polski, zderzenie z naszą rzeczywistością ją przerosły. Zdecydowaliśmy, że będzie lepiej, jeśli Myra wróci na Hawaje i tam ułoży sobie życie. Wyjechała w grudniu, mamy dobry kontakt. Oficjalnie jesteśmy w separacji.

Masz jeszcze nadzieję na miłość? Nie boisz się etykiety: fajny facet, ale inwalida?

Ale bycie niepełnosprawnym to naprawdę nie jest koniec świata, że już tylko szpitale, pomoc społeczna, a z kobiet tylko lekarki, pielęgniarki i salowe do końca twojego życia. Facet na wózku zwraca uwagę. Na ulicy oglądają się za mną wszystkie dziewczyny. Otwiera się pole do konwersacji, zawsze można zapytać: może panią podwieźć? Gdybym teraz był pełnosprawny, chciałbym mieć niepełnosprawną partnerkę.

Nie boisz się, że w takim związku zamiast miłości do głosu może dojść litość? Myślenie – nie mogę się z nim pokłócić, rzucić go, on jest taki biedny...

Z Myrą kłóciliśmy się czasem tak, że aż furczało. Ja jej mówiłem, że to wszystko przez nią, bo to dla niej poleciałem na te cholerne Hawaje, ona krzyczała, że gdyby wiedziała, że tak będzie, to nie wyciągałaby mnie z tej wody. Pięć minut burzy, a później całus na zgodę i żyjemy dalej. Niepełnosprawni mają prawo do takich samych emocji jak wszyscy. Spotykam się teraz z cudowną dziewczyną. Moja partnerka nie musi być moją pielęgniarką, mam osobę, która pomaga mi sprzątać, gotować. Gdy chcę gdzieś pojechać, dzwonię po specjalną taksówkę i jadę. Do wyjazdu na Hawaje mieszkałem z rodzicami. To tam miałem się ostatecznie odpępowić, zakończyć fajne dzieciństwo, zacząć dojrzałe życie. No i – jakby nie patrzeć – zacząłem.

MĄDROŚĆ BÓLU

[Jan Dobrogowski, anestezjolog, prezes Polskiego Towarzystwa Badania Bólu]

Doktor Dobrogowski przyjął mnie w swoim gabinecie, w pawilonie jednego z krakowskich szpitali. Ciężka rozmowa – mnóstwo fachowego słownictwa, pogoń za czymś, co tak naprawdę pozostaje nieuchwytne. Zaglądająca co chwilę do pokoju sprzątaczka. I przytłaczająca świadomość, że bólu, jaki przynieśli tu ze sobą pacjenci, nic nie uprzątnie, na dobre wsiąkł już w te ściany.

Czy Polacy są już najbardziej obolałym narodem Europy?

Nie. Skąd ten wniosek?

Choćby z dostępnych w Internecie raportów. Amerykańscy badacze ustalili, że aż dwadzieścia siedem procent Polaków skarży się na przewlekłe bóle (w Europie wyprzedzają nas tylko Norwedzy, o trzy procent). Jedna trzecia z nas przyznaje się, że każdego dnia zażywa środek przeciwbólowy, a ponad dziesięć procent rodaków robi to kilka razy dziennie. Specjaliści od marketingu donoszą, że od czerwca 2004 do maja 2005 wydaliśmy na środki przeciwbólowe o jedną czwartą więcej niż rok wcześniej.

Takie badania „kręcą" wyłącznie producentów leków. Ja jestem lekarzem i naprawdę nie widzę nic nadzwyczajnego w tym, że ludzie, których coś boli, zamiast biec do szpitala, próbują wybrać coś z coraz większej gamy leków dostępnych od ręki. Nie umiem też wyprowadzić żadnych sensownych wniosków z faktu, że na przewlekły ból skarży się dwadzieścia sześć procent Włochów, a tylko jedenaście procent Hiszpanów. Bo niby dlaczego Hiszpanów boli rzadziej? Bo mają cieplejszy klimat? Tylko skoro tak, czym wytłumaczyć fakt, że obolałych Anglików jest ledwie o dwa procent więcej?

Może tym, że Anglicy nie zetknęli się jeszcze z osobą niejakiej Goździkowej, jednej z najbardziej rozpozna-

wanych postaci w Polsce. Goździkowa w ciągnącym się od lat serialu reklamowym zaleca sąsiadom, listonoszom i aptekarzom etopirynę. Ma już swoje pierwsze fankluby. Na forum jednego z portali medycznych trafiłem nawet na opinię, że historia bólu w Polsce dzieli się na dwie ery. Przed Goździkową i po Goździkowej.

To opinia tyleż błyskotliwa, ile bezsensowna. Bóle głowy, na które skarżą się moi pacjenci, były takie same wczoraj, dwa tygodnie temu i wtedy, gdy Goździkowej nie było nawet w planach Opatrzności.

Autorzy wspomnianej opinii sugerują jednak, że zmienił się nie tyle sam ból, ile jego postrzeganie. „Klasyczne" reklamy środków przeciwbólowych są zimne – ludzie w fartuchach, jakieś świecące wykresy. A Goździkowa jest ciepła, troskliwa, jednoczy sąsiadów. Mój przyjaciel, lekarz rodzinny z Poznania mówi, że odkąd pojawiła się Goździkowa, wielu jego pacjentów przestało traktować ból głowy jako coś, z czym trzeba walczyć. Bo ta pani z telewizji też tak miała. Powstaje coś w rodzaju mody na ból...

Pan chyba żartuje? Nigdy nie uwierzę, że seria nawet najbardziej sprytnych telewizyjnych reklam jest w stanie wywołać w ludziach eskalację masochizmu. Moda na tabletki od bólu – to co innego. I nic nowego. Przecież odkąd wynaleziono apteki, ludzie czują się bezpieczniej, gdy mają w domu zapas przeróżnych pigułek na wszystko. Jeden z moich kolegów leczył kiedyś pacjenta, który przy każdej wizycie kazał wypisywać sobie detreomycynę – bardzo silny antybiotyk, dziś już niestosowany. Gdy kolega zapytał go w końcu, po co mu ten antybiotyk, pacjent odpowiedział zwięźle: „A gówno to pana obchodzi!". Detreomycyna od kilkudziesięciu lat była po prostu stałym elementem jego życiowego rytuału. Łykał ją sobie co rano do śniadania i czuł się po tym zabiegu zdecydowanie lepiej. Wielką fanką środków przeciwbólowych była na przykład królowa Wiktoria, która jako jedna z pierwszych zdecydowała się rodzić w narkozie chloroformowej. Doskonale orientowała się też w przeciwbólowym działaniu pochodnych opium i konopi indyjskich. Ale powtarzam, kolekcjonowanie pigułek na dzień, na noc i na strzykanie w uchu to jedno, a odczuwanie bólu to drugie. Ból zawsze jest doznaniem nieprzyjemnym i nie ma takiej mody, reklamy, sugestii, argumentacji, która mogłaby go zmienić w coś pożądanego.

Czy człowiek, który zawodowo zajmuje się bólem, częściej go odczuwa?

Na szczęście chyba nie. Dokuczają mi tylko jakieś zmiany zwyrodnieniowe w kolanie, ale w moim wieku to powszechna przypadłość. Ostatnio dopadła mnie kilka lat temu.

Kiedy zaczyna boleć, uświadamia pan sobie dokładnie, co w danej chwili dzieje się w pana organizmie? Bo laik, którego zaczyna boleć, zwykle też zaczyna się bać.

To naturalne, po to natura dała nam ból – ma nas informować o niebezpieczeństwie, istniejącym albo takim, które nam zagraża. Co ciekawe, choć ludzie cierpieli, odkąd tylko są na Ziemi – o czekającym ją bólu słyszała już przecież Ewa w raju – medycy poznali mechanizm bólu stosunkowo późno. W czasach Arystotelesa sądzono na przykład, że ból jest „pasją duszy", traktowano go wyłącznie jako fenomen emocjonalny, nie medyczny. Dopiero Kartezjusz zaczął kojarzyć ból z uszkodzeniem tkanek. Prowadził badania na oparzonych i wyszło mu z nich, że impuls związany z oparzeniem przenoszony jest do mózgu i tam rozpoznawany. W dziewiętnastym wieku rozwinięto ten tok rozumowania i całkowicie zrezygnowano z opisywania bólu jako stanu duszy.

Jak powstaje ból?

Załóżmy, że się pan skaleczył. Nerw zlokalizowany w miejscu skaleczenia wytwarza impuls, który informuje, że stało się coś złego. Układ nerwowy błyskawicznie przenosi tę informację aż do rdzenia kręgowego. Tam znajduje się coś w rodzaju bramki, z grubsza rzecz biorąc, wygląda to podobnie jak przed dyskoteką. Niektóre impulsy „bramkarze" przepuszczają, inne nie. Jeśli impuls jest stosunkowo słaby – zostaje. Jeśli ma dość siły, by przebić się przez bramkę, wędruje do mózgu. Tam najpierw uruchamia układ limbiczny, porusza emocje, a potem wędruje do kory mózgowej. Kora mózgowa – jeszcze zanim zacznie analizować, gdzie doszło do uszkodzenia, jak wielkie są straty – natychmiast wydaje zlecenie, by z miejsca malowniczo zwanego przednim zakrętem obręczy wysłano do bramki w rdzeniu kręgowym komunikat: „zamykamy". Od razu zaczyna się też w mózgu produkcja całej apteki substancji leczniczych: morfiny, adrenaliny, serotoniny, które mają uśmierzyć ból i nie dopuścić do dalszych zniszczeń.

Człowiek zaczyna też zwykle wykonywać jakieś ruchy, przy oparzeniu dmucha na rękę, potrząsa nią.

Tworzy w ten sposób nowe bodźce, próbuje zrobić „tłok" przy wspomnianej bramce w rdzeniu kręgowym, zagłuszyć bodźce bólowe. I czasem się to udaje. Zwłaszcza gdy do tego wszystkiego dojdzie silny stres, możemy mieć do czynienia z wielokrotnie opisywanymi przypadkami żołnierzy spod Monte Cassino, którzy po postrzale idą z otwartym brzuchem, nie czując bólu. Ronald Reagan zauważył, że został ranny, dopiero kilkanaście minut po zamachu.

A więc organizm broni się przed bólem. Wcześniej mówił pan, że ból jest mu potrzebny.

Życie bez bólu to jazda samochodem bez kontrolek i zegarów – da się nim jechać, pytanie tylko, jak długo. Bo jak długo będzie żyło dziecko, które nie nauczyło się, że dotykanie gorących naczyń powoduje ból? Mamy opisane przypadki ludzi, którzy rodzą się z genetycznie uwarunkowaną niewrażliwością na ból. Oni rzadko dożywają trzydziestki. Bo albo nie zauważą, że rozlał im się wyrostek robaczkowy, albo nie dostrzegą jakiejś rany, która kilka tygodni później zacznie się paskudzić. Ci ludzie są cali pokryci bliznami, śladami po źle zrośniętych złamaniach, bywają zakompleksieni. Ból naprawdę potrafi uratować nam życie. Jest takie miejsce w mózgu – kolejna cudowna nazwa – substancja okołowodociągowa szara, w którym mamy zaprogramowane dwie podświadome reakcje na ból towarzyszący obrażeniom. Jeśli mózg rozpoznał, że uszkodzone zostały tkanki zewnętrzne, natychmiast uruchamia program „walcz i uciekaj". Jeśli uszkodzone zostały narządy wewnętrzne – serce, płuca, wątroba – mózg nakazuje nam pozostać w bezruchu. Nietrudno sobie wyobrazić, co by było, gdybyśmy, mając pękniętą wątrobę, w ogóle tego nie czuli i zaczęli spacerować. Powinniśmy dziękować naturze, że wyposażyła nas w ból.

Ludzie chorzy na raka, którzy co chwila zmuszeni są zwiększać dawki morfiny, będą mieli w tej sprawie nieco inne zdanie.

Bo ból to straż pożarna, którą przyjmujemy z wdzięcznością, gdy się u nas pali. Ale jeśli strażacy zechcieliby zamieszkać u nas na stałe wraz z całym swoim sprzętem? Ból po kilku godzinach czy dniach staje się chorobą, którą powinniśmy tępić. Strażacy w salonie po kilku godzinach będą uciążliwi, po kilku miesiącach – nie do zniesienia. Sam ból nigdy nie zabija. Ale gdy jego obecność trwa zbyt długo, potrafi człowieka wycieńczyć, postawić go na krawędzi samobójstwa, koncentruje na sobie całą uwagę rodziny, lekarza, wszystkich naokoło.

Czy jest ból silniejszy od tego, który towarzyszy chorobie nowotworowej?

Straszny bywa ten, który wiąże się z uszkodzeniem nerwów. Choćby ból po udarze mózgu czy ból nerwu trójdzielnego, dający uczucie rozrywania twarzy. Bardzo cierpią chorzy po półpaścu, sama choroba trwa zwykle dwa, trzy tygodnie, ale ból – zwłaszcza u osób starszych – pozostaje często do końca życia i jest niezwykle oporny na wszelkie próby leczenia. Osobna historia to ból fantomowy – człowiek nie ma już nogi, ale czuje, że ta noga go boli, bo miejsce w korze mózgowej odpowiadające za „obsługę" tej nogi zapamiętało impuls bólowy i teraz automatycznie go powtarza. To wszystko powoduje wielkie cierpienie. Ale nie stworzę panu „pierwszej trójki" najstraszniejszych bólów. Wszystko zależy od wrażliwości tych, którzy je odczuwają.

Czy ból można jakoś mierzyć, opisywać, kategoryzować?

Znamy sto dwadzieścia rodzajów samych tylko bólów głowy – napięciowe, polekowe, migreny. Mamy też skale, które pomagają nam mierzyć ich natężenie.

Rysujemy odcinki i prosimy, żeby chory pokazał nam, w którym miejscu skali lokuje swój ból, badamy próg wrażliwości, drażniąc skórę wysoką temperaturą. Zdecydowana większość pacjentów zgłasza ból już przy czterdziestu pięciu stopniach, ale są tacy, którzy nic nie czują nawet przy pięćdziesięciu stopniach. Niektórzy mają ten próg obniżony. Od jakiegoś czasu zaczęły się do nas zgłaszać panie po pięćdziesiątce narzekające na to, że mimo iż sypiają regularnie po osiem godzin, budzą się obolałe i niewyspane. Skarżą się na uogólniony, rozlany ból i nadwrażliwość na ucisk. Badaliśmy je na wszystkie możliwe sposoby, podejrzewaliśmy choroby mięśni, niedyspozycje psychiczne związane z klimakterium, ale teraz wszystko wskazuje na to, że fibromialgia – bo tak nazwano tę chorobę – związana jest właśnie z obniżeniem progu bólu. U tych pań substancje chemiczne wytwarzane w mózgu powodują, że bramka, o której mówiłem wcześniej, jest zbyt szeroko otwarta.

Są chyba jednak sposoby, by ją domknąć?

Jasne, że są, o czym świadczą liczne przykłady nieustraszonych indiańskich wodzów albo wszelkiej maści fakirów. Podwyższanie progu wrażliwości na ból to bardzo ważny element terapii, która w ogóle powinna składać się z wielu elementów. Nie wystarczy nafaszerować pacjenta tabletkami, proponujemy więc techniki psychologiczne. Mózg ludzi, którzy pracują z psychologiem, otoczeni są przez lekarzy i bliskich ciepłem i życzliwością, działa zupełnie inaczej, inna jest jego „chemia". Naprawdę zbyt rzadko pamięta się, że na przykład u chorych na nowotwór dbanie o nastrój to nie tylko dobry uczynek, ale prawdziwa terapia.

W specjalistycznych ośrodkach, których jest w Polsce kilka, mamy też inne narzędzia: uciekamy się do hipnozy, na co jest podatnych jakieś piętnaście procent populacji, proponujemy specjalne ćwiczenia fizyczne, wykorzystujemy efekt placebo, na który reaguje aż czterdzieści procent chorych. Próbujemy leczyć ból zimnem lub ciepłem – tu nie ma reguł, każdy decyduje sam, czy pomaga mu zimny okład, czy rozgrzanie bolącego miejsca. Wchodzimy też głębiej, wykonujemy zabiegi termolezji, punktowego uszkodzenia nerwu, który jest źródłem dolegliwości. Stosujemy też elektrostymulację, robimy akupunkturę, aby „zrobić zamieszanie" przy wspominanej bramce, tak by jak najmniej bodźców bólowych przedostawało się do mózgu. Najciekawiej wygląda to chyba w przypadku bólów fantomowych. Gdy mamy pacjenta po amputacji ręki, stymulujemy przez kilka godzin dziennie okolicę jego ust. A to dlatego, że w korze mózgowej ośrodki odpowiadające za rękę i za usta są bardzo blisko siebie. Robimy szum, zagłuszamy ośrodek ręki. Do tego dołączamy techniki psychologiczne, które sprawiają, że ból z nieistniejącej kończyny przesuwa się w układzie nerwowym coraz wyżej i wyżej, aż w końcu zostaje „wciągnięty" do kikuta i zanika.

Zwykłym śmiertelnikom na razie pozostaje jednak Goździkowa.

Goździkowa była zawsze, tyle że sześć, siedem tysięcy lat temu na bóle, na przykład te związane z procesem obrzezania, proponowała sąsiadom opium. Później dołączyły do tego pochodne konopi indyjskich.

A później przyszły firmy farmaceutyczne, które przekonały nas, że powinniśmy wejść w posiadanie cudownych leków przeciwbólowych na noc, na dzień i takich, które najlepiej działają na ból prawego ucha, ale tylko ten pojawiający się o świcie. Rozpętała się przeciwbólowa histeria.

Pan znów przesadza, a ja uważam, że to dobrze, że mamy tyle narzędzi do walki z bólem. Tym bardziej że czasem bywają one obosieczne. Bo gdy nas boli głowa, możemy rzecz jasna zażyć na przykład aspirynę albo jej pochodne – diclofenac lub ketoprofen. Działają one przeciwbólowo i przeciwzapalnie, ale niestety mogą przy tym uszkodzić nerki i układ pokarmowy. Przygotowano co prawda odmianę aspiryny, która nie uszkodzi nerek i żołądka, wkrótce jednak okazało się, że chorzy przyjmujący Vioxx – bo tak nazwano ten lek – zbyt często umierają na serce.

Gdy patrzyło się na toczącą się na ekranach telewizorów walkę o Vioxx, trudno było jednak nie odnieść wrażenia, że to kolejna odsłona walki lekowych koncernów. Vioxx stał się chłopcem do bicia, a nikt nie wspominał o tym, że powikłania po aspirynie zabijają każdego roku w USA sporej wielkości miasteczko.

W Stanach w wyniku powikłań po aspirynie i jej krewniakach umiera więcej osób niż na czerniaka. Mniej działań ubocznych ma paracetamol, nadużywany działa co prawda nie najlepiej na wątrobę, ale skutecznie podwyższa próg bólu. Pochodne opium, takie jak morfina, to rzecz jasna ciężka artyleria. Nie ma takiego bólu, którego nie można nimi uśmierzyć. Tyle że z tymi środkami naprawdę trzeba uważać, o czym przekonali się panowie przygotowujący odbicie z rąk terrorystów moskiewskiego Teatru na Dubrowce. Rozpylili w powietrzu fenantyl, najsilniejszy znany opioid. I, po pierwsze, chyba źle obliczyli stężenie, a po drugie – nie poinformowali nikogo o swoim pomyśle. Ludzie w teatrze zostali oszołomieni, przestali czuć ból, potem wszystkie inne bodźce, aż w końcu przestali oddychać. Znieczulanie to jest delikatna gra. Trzeba w niej używać wielu metod, kombinować, łączyć ze sobą. Zbyt agresywne postępowanie może prowadzić do tego, że pacjent zostanie „znieczulony ostatecznie". Pochodne opium wykorzystywane są przecież także w eutanazji.

Nigdy nie stanął pan przed wyborem: zwiększyć dawkę leku przeciwbólowego, ale postawić pacjenta na granicy śmierci?

Takie sytuacje się nie zdarzają. Zdarzają się za to lekarze, którzy przekonują pacjentów, że „musi boleć", że jak człowieka boli rana pooperacyjna, to naturalne i nie ma po co truć go lekami. Takie zabawy na zasadzie „po co go truć, skoro jeszcze wytrzyma", mnie wydają się niehumanitarne. Wolałbym, żeby ten człowiek był „zatruty" dwiema tabletkami paracetamolu, ale mógł cieszyć się życiem. Żeby nie wchodził na drogę zmagań z przewlekłym bólem, do którego – jeśli nie jest leczony – szybko dołącza strach, a niedługo później depresja.

Żyjemy w kulturze chrześcijańskiej, w której cierpieniu przypisuje się przecież wielkie zadania – ono ma uszlachetniać człowieka. Ból jest pojmowany jako ćwiczenie, które sprawia, że jesteśmy lepsi.

Takie krągłe zdania najłatwiej wychodzą z ust teoretyków, filozofów. Ludzie, którzy doświadczają bólu, pragną tylko jednego – żeby on się skończył, żeby mogli stawać się lepszymi ludźmi, dbając o swoje dzieci, pracując czy spotykając się ze znajomymi. Wielu moich pacjentów z wielkim wzruszeniem reagowało na agonię i cierpienie Jana Pawła II. Ale przecież on też, jeśli czegoś nas uczył, to nie tego, jak cierpienia pragnąć, ale jak je znosić. I też robił wszystko, żeby – w wymiarze społecznym – było go na świecie jak najmniej. Ból, nawet ból z rozpaczy, zwiastujący „uszkodzenie duszy", ma sens tylko przez pierwszych kilka godzin. Później staje się mutantem, pomyłką natury, artefaktem, czymś zbędnym, traci sens. Sens nadają mu ludzie, którzy bohatersko go znoszą. Ale samo w sobie cierpienie nie ma sensu. Za dużo go w życiu widziałem, żeby mieć co do tego jakieś wątpliwości.

LUDZIE WIERZĄ.
JA CZEKAM

[Krzysztof Kolberger]

Rozmawialiśmy w domu pana Krzysztofa. Z jego okien roztacza się widok na panoramę Warszawy: z jednej strony wieżowce, z drugiej – zieleń Powązek, miejsce „między metropolią a nekropolią". Mieszkanie urządzone jest w tonacjach bieli, pan Krzysztof mówi powoli, cedzi słowa. Uśmiecha się. Nie wiem, ile pod tym uśmiechem udało mu się ukryć. Nie wierzę, iż człowiek męczony od lat przez chorobę, diety, operacje, codzienne zastrzyki, ciągle może być optymistą. Z bezsilności dodałem mu w autoryzacji parę puent. Zadzwonił. Podśmiewał się z tej mojej bezradności: „Mówię teraz takie ładne, mądre rzeczy, niech już tak zostanie".

Kiedy pan zrozumiał, że pan umrze?

Szczerze – nie pamiętam. Ale w mojej głowie tkwi obraz z dzieciństwa – mam trzy lata, rodzice zabierają mnie i siostrę do cyrku. Siostra podchodzi pod arenę i wtedy tuż przed jej nosem z wysokości spada akrobata. Widzę jego ciało oplecione krwawą siatką. Pamiętam to uczucie. To nie był strach, po prostu osłupienie, zatracenie się w patrzeniu, w podglądaniu, jak umiera ktoś inny. Tego strachu nie było też dwadzieścia parę lat później, gdy przeżyłem czołowe zderzenie, jadąc maluchem. Chyba byłem w szoku, wyłączyłem silnik, pozbierałem puszki wysypane z bagażnika. Rozkleiłem się dopiero w szpitalu – zadzwoniłem do domu, w którym wszyscy byli przekonani, że zginąłem. To byłaby tragedia – dwa tygodnie wcześniej urodziła się Julka, moja córka.

O śmierci nie myślałem siedemnaście lat temu, gdy po raz pierwszy usłyszałem, że mam raka. Nie dumałem nad nią, gdy wycięto mi trzustkę, nerkę albo gdy po operacji wątroby przestała działać druga nerka. Przed jednym z zabiegów usłyszałem, że mam dziesięć procent szans na przeżycie, więc napisałem testament, uporządkowałem papiery i sprawy majątkowe, ale wciąż myślałem o tych dziesięciu procentach, nie o dziewięćdziesięciu.

Wie pan, kiedy coś we mnie pękło? Podczas ostatniego pobytu w szpitalu. Kiedy nie było procentów. Nie było wiadomo, co się dzieje. Ani żaden nowy przerzut, ani nagłe pogorszenie wyników. Tylko strasznie silny ból, osłabienie. Wcześniej sprawa była w miarę jasna – nowotwór jest tu, w taki sposób można spróbować go wyciąć, udaje się w piętnastu procentach. A teraz – nic nie wiadomo. To nie ból jest najgorszy w chorobie, najgorsza jest właśnie niepewność. Czekanie na kolejną wiadomość... Organizm nie wie, na czym stoi. Teraz dolegliwości minęły – wróciłem na scenę, znów gram. Wiem, że badanie mam za miesiąc, a spektakl jutro wieczorem. Znów wpisuję się w plan. Gdybym co rano w łazience nie widział blizn po operacjach, nie czułbym, że jestem chory. Mój organizm znów się zmobilizował, znów pozwala mi pracować.

Mówi pan „mój organizm". Jakby chore ciało było kimś innym niż pan.

Sugeruje pan, że to forma ucieczki? Ale może to ma sens – zdrowa część „ja" zaczyna troszczyć się o część, która niedomaga? Jestem aktorem, ciało to moje narzędzie pracy, może stąd się to bierze. To narzędzie jest teraz niczym schorowana babcia – muszę jej robić zastrzyki, dawać tabletki, karmić siedem razy dziennie, ale pomiędzy te zajęcia pozwala mi wpisać, co chcę. I ja muszę tam coś wpisać, jeśli nie chcę zwariować do szczętu, jeśli nie chcę żyć już tylko życiem chorej babci, jeśli chcę ocalić swój świat. Więc gram. Tak ratuję i organizm, i siebie. Siedem razy dziennie muszę sobie mierzyć poziom cukru, najlepszy jest zawsze po spektaklu. Praca oddala niepewność. Na scenie nie myślę o tym, czy lekarstwo działa, czy nie, czy za miesiąc podczas kolejnego badania lekarz znajdzie kolejne przerzuty. Poza tym – pomagam innym. Po jednym ze spektakli podeszła do mnie kobieta, mówiąc, że też ma nowotwór, ale dopiero gdy zobaczyła, jak ja szaleję na scenie, zdecydowała, że skoro Kolberger tak chce żyć, to i ona może chcieć podobnie. Mam coraz więcej spotkań z ludźmi. Czasem mam serdecznie dość tych opowieści o cierpieniu i przemijaniu, ale skoro to ludziom może coś ułatwić? Jak pan widzi, staram się mówić z uśmiechem, nie mieć dramatycznego napięcia na twarzy.

Jest pan aktorem.

Myśli pan, że w tej chwili gram?

Nie wiem. Na pewno racjonalizuje pan swoje cierpienie, próbuje pan nadać mu sens.

A co w tym złego? Wie pan, to bzdura, że cierpienie uszlachetnia, ale jak się do niego sensownie podejdzie, człowiek naprawdę ma szansę coś zyskać. Mnie ta choroba dostarcza klocków, z których buduję w sobie zupełnie nowe rzeczy. Dla aktora, który swoją psychikę przebudowuje co chwila, to jest strasznie ważne. To choroba nauczyła mnie na przykład dostrzegania detalu, poczułem się, jakbym zmienił okulary, jakbym wysiadł z pędzącego samochodu i zobaczył drzewa, ptaki, poczuł zapach. Nauczyłem się doceniać ciężkie chwile, niezbędny kontrast do chwil pięknych, przecież gdyby nie było nieszczęścia, nie wiedzielibyśmy, kiedy jesteśmy szczęśliwi, nie mielibyśmy żadnej skali. Nauczyłem się pokory, nauczyłem się godzić z tym, że mój czas mija, że nie muszę już gonić w tym obłędnym wyścigu wśród zmieniających się gustów widowni, reżyserów, pisarzy. Pan wie, jakie to wyzwalające uczucie, gdy po jakimś spotkaniu podchodzą do pana dobiegające sześćdziesiątki panie z wyznaniem, że trzydzieści lat temu na zabój się w panu kochały? Przecież nie można się nie uśmiechnąć, nie złapać dystansu do siebie. Wiem, że niektórzy cierpiący stają się udręką dla najbliższych. Ktoś, kto jest chory, ale zachowuje pogodę, zaciekawia, szokuje, idzie w poprzek wizerunku cierpiącego.

Chce pan swoim przeżywaniem cierpienia zaciekawiać ludzi?

Tak. Dlatego, że może będę mógł im pomóc. U wielu ludzi na diagnozę: nowotwór, natychmiast pojawia się lęk. Próbując go do siebie nie dopuścić, zatrzaskują go w przedpokoju. I on tam siedzi, a ci ludzie nie mogą wrócić do życia, bo przejście blokuje im paraliżująca myśl. Wierzę, że tym, co robię, mogę im pomóc ten przedpokój wywietrzyć. Pokazać, że to wszystko kwestia woli. Moja siostra też miała nowotwór, ale nie miała w sobie woli walki o życie. Umarła. Teraz zakładamy stowarzyszenie osób chorych na raka nerki, myślimy też o platformie, która zbierze wszystkie organizacje chorych na różne rodzaje nowotworu.

Chcemy, żeby nie tylko razem walczyli o wspólne sprawy, ale też wymienili się telefonami, rozmawiali o tym, co ich spotkało.

Nie boi się pan, że zmieni się to w kolejkę pod drzwiami lekarza, w której każdy pokazuje, gdzie go boli?

Niech pokazują, ale niech zaczną rozmawiać. Nie wiem, skąd to się bierze, że człowiek się wzmacnia, odbijając się od doświadczeń innych. Niech ci ludzie wyjdą z domów. Pan nie zdaje sobie sprawy z tego, że człowiek chory na nowotwór traci nie tylko zdrowie, traci też miejsce w społeczeństwie. Sam tego doświadczyłem – znajomi nagle przestają dzwonić. Po kilku miesiącach ciszy zacząłem dzwonić do nich sam, pytać, co się stało. W ich głosie była zwykle ulga, tłumaczyli: wiesz, baliśmy się, nie chcieliśmy cię urazić, nie wiedzieliśmy, jak zacząć rozmowę.

Zdrowi boją się, że chorzy czegoś od nich będą chcieli. Że trzeba się będzie jakoś nimi opiekować, że powstanie zależność, na którą nie mają ochoty.

Doświadczył pan kiedyś litości?

Nie. Choć dobrze wiem, że wielu ludzi, patrząc na mnie, może sobie myśleć: jaki to biedaczek... Podświadomie spychają mnie do innej kategorii, odsuwają. Diagnoza nowotworu to w naszej kulturze wciąż stygmat. Człowiek z rakiem zostaje przesunięty do innej sekcji, usuwa się go z półki, na której trzymamy ludzi żywych, myśli się już o nim jak o półumarłym. Przecież pan też przyszedł do mnie, by porozmawiać o śmierci, zakładając, że ja noszę już jej piętno, że czułem już jej dotyk, że jestem bliżej niej niż pan. Tyle że pan też umrze. Każdy z nas umrze. Więc zamiast wykonywać czcze akrobacje myślowe nad czymś, co nieuniknione, może lepiej poszukać dobrych stron w tym, co się teraz dzieje? Proszę pana, nie straciłem jeszcze wzroku, mam lustro. Wiem, że schudłem dwadzieścia kilogramów, ale moim zdaniem wyglądam znacznie lepiej niż wtedy, gdy byłem przytyty. Moi bliscy się złoszczą, że ja na pewno nie mówię im prawdy, że gdybym był poważny i wyraźnie udręczony, to byłoby im łatwiej się mną zajmować. Ale ja taki jestem i kropka. Pewnie, że nie zawsze jest tak różowo. Nowoczesna terapia ma przecież skutki uboczne. Ale jak mam zły dzień, to po prostu zamykam się, nie wychodzę z łóżka, przeczekuję. O tym jednak staram się nie mówić, nie tego ludzie po mnie oczekują.

A więc jednak gra pan przed nimi?

Ale przecież ja nie mówię o swojej chorobie po to, żeby sobie pogadać czy ulżyć. Jeśli odsłaniam swój świat, chcę, żeby to czemuś służyło. Chcę pokazać, że choć to, co się dzieje, nie zawsze ma sens, my ten sens możemy spróbować nadać. Na to jest dziś wielkie zapotrzebowanie. Proszę dostrzec ten paradoks – im bardziej nasz świat zmierza w kierunku pieniądza, materii i siły, tym gęściej ludzie walą drzwiami i oknami, by słuchać poezji Karola Wojtyły, księdza Twardowskiego, ludzi, którzy nawet w swojej słabości, biedzie i umieraniu byli wzorem dla innych. To nie jest tak, że ja zaczarowuję rzeczywistość, aktywnością odpędzam od siebie śmierć. Wiem, że ona przyjdzie. Wiedziałem, skoro przed operacją dwa lata temu napisałem testament, udzieliłem wywiadu rzeki.

Boi się pan śmierci?

Boję się tego, co może przyjść przed nią. Boję się niedołęstwa, że pewnego dnia nie będę umiał poradzić sobie z codziennością, umyć zębów, ogolić się, wyjść do pracy, zarobić na moich bliskich, pomóc schorowanej mamie. To mnie trzyma przy życiu. Kiedy dwa lata temu szedłem na operację, nagrałem płytę, by – jeśli wbrew temu, co mówiła medyczna statystyka, przeżyję – mieć z czego żyć, gdy będę wracał do siebie.

Rozmawiałem z pana znajomymi. „Krzysiek stał się taki przezroczysty. On teraz żyje jak święty" – mówili. Nie miał pan żadnych kryzysów, nigdy pan się nie wściekł, nie załamał? Zawsze był w panu ten buddyjski spokój?

A co mi przyjdzie z tego, że będę się zastanawiał: dlaczego ja? Skoro spotykały mnie w życiu rzeczy dobre, dlaczego mam nie przyjąć tych złych? Pan to nazywa buddyjskim spokojem, ale ja się go uczyłem od chrześcijan. Jeżdżąc po Polsce z wierszami Wojtyły i Twardowskiego, przeżywam swoje rekolekcje. Poza tym ja miałem czas, by się z chorobą oswoić. Siedemnaście lat temu, gdy wykryto nowotwór w mojej nerce, wiedziałem, że jej funkcje może przejąć druga. Przy każdej kolejnej diagnozie, przy każdym kolejnym ciosie byłem już zaprawiony przez ciosy poprzednie. Mojej rodzinie już kilka razy mówiono, żeby pędziła do szpitala, bo jestem umierający. Przyzwyczaiłem się. Przyjmowałem więc to wszystko z nadzieją, że będzie dobrze, że to nie mój czas, że skoro tyle już się z tym zmagam, to pociągnę jeszcze. Inna rzecz, że ja chyba nigdy do końca nie straciłem wiary. Nie jestem cotygodniowym bywalcem kościołów, ale nie ma we mnie zgody na to, by uwierzyć, że za ścianą, pod którą od siedemnastu lat biwakuję – nic nie ma. Pewnego dnia ktoś poprosi mnie, bym za nią wszedł, wtedy się dowiem na pewno.

Ma pan jakieś przeczucia – co lub kogo pan tam znajdzie?

Nie wiem, czy spotkam tam Kogoś, czy wcielę się w inną postać. A może skończę życie tak, że na moim grobie wyrośnie po prostu trawa? Każdą możliwość przyjmuję. Jak będzie – kto to wie?

Ludzie wierzą.

Ja czekam.

Na śmierć?

Na Euro 2012. Cieszyłem się jak dziecko, gdy gruchnęła wieść, że będziemy to robić. Wróżka przepowiedziała mi kiedyś, że umrę, mając sześćdziesiąt jeden lat, a więc w 2011 roku. Może uda mi się oszukać los i doczekać tych stadionów, dróg, pięknych domów. Niech pan spojrzy za okno. Co pan widzi? Czternaste piętro, po lewej warszawskie wieżowce, po prawej Powązki. To właśnie jest moje życie – między metropolią i nekropolią. A tutaj, widzi pan ten neon? On codziennie przypomina mi, że muszę żyć. Reklama banku, w którym spłacam kredyt.

ŻYCIE DŁUŻSZE NIŻ TYDZIEŃ

[JANUSZ GADZINOWSKI, PEDIATRA I NEONATOLOG]

Profesora Gadzinowskiego poznałem, gdy poznańscy filozofowie dali mi „cynk”, że organizują konferencję o eutanazji okołoporodowej. Rozmawiałem z nim dwukrotnie i za każdym razem miałem poczucie, że to wołanie o pomoc. Stanowczy, pewny siebie autorytet prosi, błaga, by zacząć debatować na tematy, które etycy, lekarze i prawnicy zamiatają zwykle pod dywan, czekając, aż zajmie się nimi prokurator. Aby uzmysłowić mi, o czym rozmawiamy, profesor oprowadził mnie po oddziale. Pokazał dopiero co narodzonych pacjentów, niektórych skazanych już przez los na śmierć, innych – wciąż walczących o życie. Widok rodziców przykrywających z czułością kocykiem inkubator, w którym leży noworodek ponakłuwany igłami, z grymasem bólu na malutkiej buzi, zapamiętam do końca życia.

W zakończonym właśnie europejskim programie MOSAIC, porównującym opiekę nad noworodkami w dziesięciu regionach Unii Europejskiej, wzięły udział pięćdziesiąt dwa szpitale z Wielkopolski i województwa lubuskiego. Wnioski są zatrważające. Polska jest samotnym liderem w smutnej konkurencji śmiertelności wcześniaków: dzieci urodzonych między dwudziestym drugim a trzydziestym drugim tygodniem ciąży. Co się dzieje? Nie macie sprzętu, chęci, umiejętności?

Oczywiście, że mamy. I próbujemy ratować każdego noworodka, który urodzi się żywy po dwudziestym drugim tygodniu ciąży. Gdy przeczyta pan wyniki MOSAIC dokładniej, zauważy pan jedną z najważniejszych przyczyn wysokiej umieralności wcześniaków w Polsce – otóż, gdzie indziej po prostu nie dopuszcza się do urodzenia dzieci obciążonych wadami. MOSAIC pokazał, że w katolickich Włoszech, w regionie Lazio, położonym przecież bardzo blisko Watykanu, zabiegi usuwania ciąży to prawie połowa ogólnej liczby tak zwanych zgonów wewnątrzmacicznych. Aż dziewięćdziesiąt procent z nich to właśnie przypadki aborcji wykonywanych po stwierdzeniu wad wrodzonych płodu. Podobnie jest w Anglii, we Francji. Tymczasem w Wielkopolsce i Lubuskiem pierwszy wskaźnik wynosi dziesięć procent, drugi – tylko trzydzieści procent. Polscy studenci, którzy wyjechali do Rennes we Francji, opowiadali mi, że jedna z wykładowczyń zachęcała swoich słuchaczy, by koniecznie jechali do „barbarzyńskiej" Polski, bo tylko tam można jeszcze zobaczyć schorzenia, które w „oczyszczonych" populacjach już się nie zdarzają. Oni mają inne wartości, inne prawo.

To dobrze czy źle?

Źle. Ja jestem katolikiem i mam na tę sprawę inny pogląd niż wspomniani Anglicy czy Francuzi.

Sytuacje, w których waży się ludzkie życie, powinno chyba jednak regulować prawo, a nie wyznanie lekarza.

Tyle że prawo obowiązujące na danym terenie zawsze tworzą ludzie określonego wyznania i światopoglądu, którzy wychowali się w konkretnej kulturze. Tego nie da się ominąć. Postuluje pan stworzenie prawa ponad granicami? To niewykonalne.

A prawo naturalne, które każe troszczyć się o każde życie, niezależnie od tego, w jakim jest stanie?

Nie oczekuję od prawa naturalnego, że odpowie na pytania o nienaturalne sytuacje. Wie pan, pracuję w tym zawodzie ładnych parę lat i na moich oczach w medycynie zmieniły się trzy albo cztery epoki. Dziś w populacji wcale nie ma większej liczby wad niż wtedy, gdy zaczynałem pracę, tyle że dziś ludzi z niektórymi wadami jesteśmy w stanie utrzymać przy życiu. I dlatego coraz częściej zdarzają się nam sytuacje, które nie występują w naturze. Bo w naturze dziecko, które rodzi się w dwudziestym trzecim tygodniu ciąży, umiera. Jeszcze dwadzieścia lat temu nikomu do głowy by nie przyszło, żeby je ratować. A dziś możemy podtrzymywać to życie. Pytanie tylko, czy zawsze powinniśmy.

A powinniśmy?

Nie wiem.

To niepokojące, gdy specjalista tej klasy co pan mówi: nie wiem.

Chcę panu pokazać, że z naszym prawem i etycznymi interpretacjami, które roztrząsamy w naszych sumieniach, nie nadążamy za postępem nauki. Proszę raz jeszcze spojrzeć na wyniki MOSAIC. Holendrzy, chociaż mogą, programowo nie ratują dzieci urodzonych do dwudziestego piątego tygodnia ciąży. Pozwalają im wszystkim umrzeć, podczas gdy w niemieckiej Hesji spośród dzieci urodzonych w dwudziestym tygodniu przeżywa aż osiemdziesiąt sześć procent! Inny przykład. My ratujemy dzieci od pięciuset gramów, ale już w Bułgarii tak zwanym żywym urodzeniem jest noworodek, który ma masę urodzeniową większą niż tysiąc gramów. Może mieć mniej, ale wtedy musi „się wykazać" i przeżyć sześć dni. A Japończycy ratują bez względu na wszystko dzieci urodzone już w dwudziestym pierwszym tygodniu ciąży. Na początku piątego miesiąca! Proszę sobie wyobrazić – to są dzieci, które nie mają jeszcze pęcherzyków płucnych. Japońscy naukowcy opowiadali, że próbują umieszczać takie dzieci nie w inkubatorze, ale zanurzone w ciepłym perfluorokarbonie, specjalnej cieczy, przypominającej glicerynę, która chroni dziecko przed chłodem i zakażeniami. Na tym zastosowanie perfluorokarbonu pewnie się nie skończy – ma on tak dużą zawartość tlenu, że organizm w nim zanurzony może oddychać. Sam widziałem szczura, który zanurzony w tej cieczy, swobodnie spacerował po dnie naczynia. Tą technologią zainteresowało się też wojsko, próbując wykorzystać ją przy ratowaniu załóg okrętów podwodnych. Możliwość oddychania perfluorokarbonem sprawdzano już na większych dzieciach, badania na noworodkach zostały na razie zawieszone, ale może to właśnie jest przyszłość neonatologii.

Holendrzy w ogóle nie ratują, Japończycy tworzą kosmiczne technologie, żeby tylko uratować. Życie małego człowieka zależy od tego, czy urodził się kilkaset kilometrów w tę czy w tamtą stronę.

Dokładnie tak. A dramatyczne pytania nie kończą się przecież wraz z urodzeniem się takiego malucha. Proszę spojrzeć na Kalifornię, gdzie – mimo iż pieniędzy ani technologii teoretycznie nie brakuje – ponad połowa zgonów noworodków następuje w warunkach, które nazwano tam opieką komfortu. Lekarze wraz z rodzicami orzekają, że jeśli dziecko jest w bardzo ciężkim stanie, nie ma sensu dodawać mu bólu – nakłuwać, intubować, poddawać uciążliwym procedurom intensywnej terapii. Zapewniają mu tylko niezbędne minimum: ciepło, pokarm, terapię przeciwbólową, opiekę i czułość rodziny. Organizują coś w rodzaju noworodkowego hospicjum.

Co polskie prawo mówi o takiej sytuacji?

Nasze prawo określa ogólne ramy, nakazuje lekarzowi ratować życie. Ale w konkretnych sytuacjach każdy z nas i tak staje w obliczu moralnego ryzyka.

Weźmy więc konkretną sytuację. W pana klinice leży noworodek, który przyszedł na świat w dwudziestym trzecim tygodniu ciąży. Kardiolodzy rozpoznali u niego ciężką wadę serca, której nikt nie podejmuje się operować. To dziecko nie umie przekazać swojego bólu, ale z pewnością bardzo cierpi. Wie pan, że go nie wyleczy. Co pan z nim zrobi?

Przede wszystkim upewnię się, czy wada, z którą się urodził, rzeczywiście jest śmiertelna. Zapytam kardiologów. Jeśli potwierdzą, że pacjent ma przed sobą paręnaście godzin, może kilka dni życia – pozwolimy temu dziecku spotkać swoje przeznaczenie. Godnie umrzeć. Położymy w ciepłym inkubatorze, nakarmimy, podamy leki przeciwbólowe.

Gdy przyjdzie kryzys, nie będzie pan reanimował? Nie będzie pan walczył?

O co? O to, żeby to dziecko cierpiało kilkanaście godzin dłużej? Przysięga Hipokratesa zobowiązuje mnie do leczenia ludzi, nie do przedłużania ich agonii. Jan Paweł II w encyklice *Evangelium Vitae* wyraźnie pisał, że gdy człowiek – mały czy duży – umiera, ewidentnie zmierza na tamten świat, lekarz nie ma obowiązku zatrzymywać go na siłę po tej stronie przy użyciu uciążliwej terapii. Nie umiem wyleczyć człowieka ze śmierci. Możemy mu jednak zapewnić komfort umierania.

A nie zakłada pan możliwości pomyłki, nie boi się, że odstawiając na bok całą intensywną terapię, skaże pan kogoś na śmierć przedwcześnie?

Panu łatwo teoretyzować, a ja na co dzień oglądam dzieci skazane na śmierć – nie przeze mnie. I zapewniam pana, że w takich sytuacjach wszystko sprawdzamy po kilka razy, dyskutujemy w gronie lekarzy. A jeśli choć jeden z nas będzie miał cień wątpliwości, będziemy nadal ratować. Gdybym miał do czynienia z dorosłym pacjentem, zapytałbym go, co o tym wszystkim sądzi. A dramat neonatologa polega na tym, że on nie ma kogo zapytać. Że los dziecka jest totalnie w jego rękach, bo w świetle prawa nawet opinia rodziców, jego prawnych opiekunów, nie jest dla niego wiążąca. W ostatnich latach miałem dwie sytuacje, w których rodzice pacjentów, którzy mieli bardzo złe rokowania – ale nie można było z całą pewnością powiedzieć, że śmierć nastąpi w ciągu kilku godzin czy dni – prosili mnie o zaprzestanie leczenia, nieprzedłużanie cierpień ich dzieci. Na wszelki wypadek skontaktowałem się jednak ze szpitalnym prawnikiem, który poinformował mnie, że wola rodziców nie ma tu nic do rzeczy i jeśli podejmę decyzję o przeniesieniu dzieci w tryb opieki komfortu, każdy będzie mógł mnie później podać do sądu i udowadniać, że to nie była przedłużona agonia, ale krótkotrwałe przeżycie. Byłem zmuszony nie uwzględnić decyzji rodziców. Ich dzieci zmarły kilka tygodni później.

W większości krajów europejskich lekarza wspierają w takich momentach specjalne komisje etyczne, złożone z prawnika, etyka, księdza.

Tylko co mi po komisji, która owszem, da interpretację, ale nie zwolni mnie z odpowiedzialności przed sądem oraz – co gorsza – z konieczności dokonania aktu odłączenia pacjenta od urządzeń leczniczych? W Polsce takie gremium nie miałoby przecież żadnych podstaw prawnych do działania.

Może lepiej jest mieć nadmiar odpowiedzi niż nadmiar pytań i milczenie?

Może, ale ostatecznie co to zmienia? Czy komisja zastąpi mnie w rozmowie z przekonaną o wszechmocy nauki matką, której dziecko dziś w inkubatorze wygląda jak każdy noworodek, ale my wiemy, że jest ciężko uszkodzone? I że pożyje całkiem długo, bo medycyna wciąż mocno prze do przodu? Proszę zrozumieć, co podczas takiej rozmowy dzieje się w głowie lekarza, w mojej głowie, bo ja wiem, jak to dziecko będzie cierpiało za lat pięć czy dziesięć. Pięć miesięcy temu trafił do nas chłopczyk z zespołem hipowentylacji nocnej – podczas snu może nagle przestać oddychać. To dziecko ma na stałe wszytą do tchawicy rurkę, która będzie powiększana, gdy będzie rósł, a na noc musi być podłączany do respiratora. Niebawem wypiszemy go ze szpitala, więc będzie to teraz robić jego rodzina. Walczyliśmy o to dziecko i walczymy o każde, bo każde ma prawo żyć i liczyć na to, że w przyszłości ktoś wynajdzie jakąś nową metodę leczenia, że zmienią się perspektywy. Kilka lat temu przyjęliśmy na oddział żywe dziecko, dziewczynkę, która urodziła się bez mózgu. Jej matka, osoba wierząca, po konsultacjach z rodziną i księdzem odczytała to zdarzenie jako wolę Pana Boga. Chciała, żeby organy Kasi – dziewczynka została ochrzczona – uratowały życie innych maluchów. Nie miałem pojęcia, co zrobić. Nie ma żadnych regulacji, które umożliwiałyby pobranie narządów, bo do tego trzeba stwierdzić śmierć pnia mózgu. A te dzieci, choć nie mają mózgu, mają pień mózgu, i on żyje, a gdy umrze – na pobranie narządów będzie za późno. Przyjęliśmy więc dziewczynkę na intensywną terapię i zaczęliśmy poszukiwania biorcy. Nie znaleźliśmy. Do dziś się zastanawiam – może trzeba było zgłosić to dziecko do europejskich organizacji transplantologicznych? Tylko czy wyobraża pan sobie przekazanie go do pobrania narządów za granicą? Przecież to z miejsca rodzi lawinę problemów prawnych. I etycznych. Bo przecież w końcu to jest człowiek! Człowiek, który nie ma normalnego mózgu, który będzie żył nie dłużej niż tydzień, ale przez tych kilka dni będzie żył i będzie to ludzkie życie, podlegające całej ochronie prawnej. Teolog, ojciec Nikodem Brzózy pisze, że żaden człowiek nie może być traktowany jako rezerwuar narządów znikających w miarę realizowania programu przeszczepów.

Nic dziwnego. Przecież wyjęcie mu choćby jednej nerki może przyspieszyć jego śmierć. Będzie formą eutanazji, powolnym zabijaniem jednego człowieka dla ratowania życia kilku innych.

Można tak powiedzieć. Ale na pytanie, co bym zrobił, gdyby taka sytuacja przydarzyła mi się ponownie, muszę panu znów odpowiedzieć szczerze: nie wiem.

Wcześniej mówił pan o tym, co dzieje się w pana głowie, gdy patrzy pan na kilkumiesięczne dziecko, które ma przed sobą pełne bólu życie. Kilka lat temu rozmawiałem z jedną z lekarek z pana oddziału, która opowiadała mi o swojej pierwszej udanej reanimacji. I o matce dziecka, która z płaczem przywiozła je za kilka lat do poradni – głuche, niewidome, na wózku, opóźnione umysłowo. Deklaruje pan, że jest katolikiem, a przecież katoliccy teologowie krytykują w równie kategorycznych słowach także lekarskie rozważania co do „jakości życia".

Wie pan, my codziennie patrzymy na takie rzeczy, na tak ogromną ilość niezawinionego cierpienia, że musielibyśmy być bezduszni, by o tej „jakości życia" w ogóle nie myśleć. Niemniej jako katolik odrzucam w ogóle fakt, że mógłbym zaniechać leczenia dziecka lub modyfikować jego leczenie z tego powodu, że będzie się źle rozwijało. Zakładam, że podobne podejście mają wszyscy neonatolodzy w Polsce. Bo na świecie już nie. Na wykładach podczas międzynarodowych zjazdów co chwila można się natknąć na pytania o to, czy jest sens wdrażać bardzo drogie metody lecznicze, gdy rokowanie co do „jakości życia" jest bardzo niepomyślne. Skrajną odmianą takiego myślenia jest choćby ustawodawstwo holenderskie, które pozwoliło lekarzom z Groningen uśmiercić w 2003 roku – za zgodą rodziców – cztery nieuleczalnie chore noworodki. Z drugiej strony, czy pamięta pan głośną sprawę Charlotte Wyatt, urodzonej w dwudziestym czwartym tygodniu ciąży, z bardzo ciężkimi wadami? Lekarze chcieli ją przenieść w tryb opieki komfortu, przeciwko czemu zaprotestowali rodzice. Brytyjski sąd pierwszej instancji sprzeciwił się jednak ich woli, przyznał rację lekarzom. Potrzebuje pan jeszcze jakichś dowodów na to, że współczesne prawo nie radzi już sobie z postępem medycyny?

A więc może zamiast narzekać, że inni sobie z tym nie radzą, trzeba samemu proponować bardziej sensowne uregulowania?

Ależ my to próbujemy robić. Mówiłem już panu, że w zasadzie w Polsce ratujemy dzieci od dwudziestego drugiego tygodnia, chociaż te akurat mają na razie prawie zerową szansę na przeżycie. W dwudziestym piątym tygodniu te szanse radykalnie rosną – do trzydziestu ośmiu procent. Pozostaje więc strefa niepewności – dwudziesty trzeci i dwudziesty czwarty tydzień, kiedy ratujemy odpowiednio cztery i dziesięć procent dzieci. Przyglądaliśmy się, jak to wygląda na świecie. Amerykanie na przykład w dużym stopniu decyzję co do losów dziecka urodzonego w takim momencie ciąży pozostawiają rodzicom. W końcu zmodyfikowaliśmy algorytm stosowany w jednym z filadelfijskich szpitali i opracowaliśmy własny, w którym czynnikiem decydującym jest to, czy organizm dziecka pokazuje, że chce żyć. To wydało nam się elementem godzącym w religijne, etyczne i prawne rozterki. Bo oto w niejednoznacznej sytuacji szukamy jakiegoś twardego punktu podparcia, słuchamy sygnałów natury. I jeśli serce takiego dziecka bije czterdzieści-pięćdziesiąt razy na minutę, zakładamy mu do tchawicy rurkę intubacyjną, reanimujemy, patrzymy na reakcję. Jeśli reakcja jest słaba, podajemy leki, krótko wspieramy reanimacją i oceniamy sytuację. Jeśli nie ma reakcji, proponujemy przenieść dziecko w tryb opieki komfortu, bo to jest agonia. Jeśli reaguje dobrze i tętno rośnie powyżej stu, leczymy dalej. Ten algorytm jest niezbędny, bo program MOSAIC pokazał dobitnie, że chociaż w sumie rodzi się u nas nieco mniej wcześniaków niż wynosi średnia europejska, mamy zdecydowanie najwięcej tych najwcześniejszych, z dwudziestego trzeciego, dwudziestego czwartego i dwudziestego piątego tygodnia właśnie.

Dlaczego?

Nie mam pojęcia... Zresztą, wie pan, my tu sobie rozmawiamy o etycznych okolicznościach przeszczepów od bezczaszkowców, ale ja na co dzień roztrząsam problemy etyczne zupełnie innej klasy. Marzę o tym, żeby lekarze w Polsce prawidłowo reanimowali noworodki, żeby nie musieli walczyć o podstawowy sprzęt. Przecież im więcej zrobimy, im skuteczniej naprawimy człowieka tutaj, na początku jego drogi, tym mniej będzie miał cierpień w przyszłości. Pan nie zdaje sobie sprawy, jak głęboko ból przeżywany w okresie noworodkowym zapisuje się w podświadomości człowieka, jak żyje się z piętnem tego bólu. Nasza klinika jako jedna z pierwszych w Europie stara się teraz o zakup urządzenia do hibernacji głowy. To specjalny hełm, przez który przepływa chłodzona ciecz, monitorowana przez komputer obserwujący pracę mózgu. Temperatura mózgu dziecka obniża się o dwa, trzy stopnie, co pomaga zapobiec uszkodzeniom spowodowanym niedotlenieniem, ratuje dziesiątki dzieci od trwałego inwalidztwa.

Nawet najbardziej wymyślny hełm nie odsunie od pana pytań o to, czy pozwolić bezczaszkowcowi żyć, czy dać mu umrzeć.

Tyle, że ja nie jestem człowiekiem, który marzy o tym, by spędzać cały swój czas na rozstrzyganiu problemów życia i śmierci. Jestem szefem klinik, które starają się ratować ludzi, i mimo iż nasz kraj ma dwu-, trzykrotnie niższe od pozostałych PKB, to – jak pokazuje MOSAIC – osiąga wyniki niższe tylko o dwadzieścia, trzydzieści procent. To jest nasz sukces. Sukcesem jest poświęcenie tych kilkudziesięciu pielęgniarek, które dojeżdżają codziennie do Poznania z Mogilna, Gniezna, Jarocina, co oznacza, że muszą wstać o wpół do czwartej nad ranem i wracają do domu o dziewiątej wieczorem. I wciąż to robią, mimo iż zarabiają miesięcznie 1100–1200 złotych netto. Jeśliby ich nie było, musiałbym zamknąć klinikę. Sukcesem jest to, że Wielka Orkiestra Świątecznej Pomocy dała naszej poznańskiej klinice sprzęt wartości ponad miliona złotych, bez którego bylibyśmy w polu i codziennie musiałbym stawać w obliczu decyzji, które dziecko ma przeżyć, a które nie, które ratujemy, a dla którego nie mamy już sprzętu. Nie mówię tego panu, żeby pana szczególnie wzruszać naszym trudnym losem. Chcę tylko pokazać, że teoretyczne rozmowy o etyce mają zawsze swoje bardzo konkretne tło. Gdy będę miał dość pieniędzy, żeby uruchomić regularny program przeszczepów od bezczaszkowców, zaproszę pana na debatę. I to nie tylko etyczną, bo wtedy pojawią się też pytania, czy należy wydawać kilkaset tysięcy złotych na miesięczne utrzymywanie przy życiu dziecka w beznadziejnym stanie, podczas gdy za te pieniądze można wyleczyć kilkoro innych. Tu na razie martwimy się tym, że zaproponowany nam przez NFZ kontrakt jest gorszy od zeszłorocznego. I zamiast marzyć o hełmach hibernacyjnych, za parę miesięcy będziemy się zastanawiać, skąd wziąć pieniądze na naprawę podstawowych rzeczy – inkubatorów czy respiratorów.

SZCZYT ZA MGŁĄ

[Michał Paradowski]

Michała i Basię widywałem na wieczornych mszach u dominikanów na warszawskim Nowym Mieście. Siedzieli zwykle kilka ławek z przodu, wymienialiśmy uśmiechy na znak pokoju, mijaliśmy się w kolejce do komunii. Ich późniejsze losy relacjonowali mi wspólni znajomi, zakonnicy; byli autentycznie wstrząśnięci. Z Michałem spotkałem się w mieszkaniu na warszawskich Kabatach. Kawał przestrzeni, widać że urządzał go samotny mężczyzna. Rozmawialiśmy ponad trzy godziny. Przez godzinę opowiadał Michał, ja słuchałem i płakałem. Później płakaliśmy obaj.

We wrześniu 2004 roku okazało się, że twoja żona jest w ciąży. W styczniu dowiedzieliście się, że ma ziarnicę. Wierzysz w Boga. Zapytałeś Go, po co robi takie rzeczy?

Nie pytałem. Założyłem, że to nie może być zbieg okoliczności, że w tym musi być jakiś sens. O dziecko staraliśmy się przecież dobre kilka lat, szykowaliśmy się już do adopcji. Cztery lata po ślubie wybraliśmy się z prywatną pielgrzymką do Rzymu. Kilka tygodni później wczesnym rankiem jechałem do pracy, zadzwoniła Basia. „Chyba jestem w ciąży" – powiedziała. To podobno się zdarza, rodzice przygotowując się do adopcji, odblokowują nieuświadomione mechanizmy, mogą począć dziecko.

Choroba przyszła chwilę wcześniej, choć wtedy nie mieliśmy o tym pojęcia. Uwielbialiśmy podróżować, przed wyjazdem do Rzymu wybraliśmy się na Korsykę. To wtedy Basia zauważyła na szyi gulkę wielkości pestki. Lekarze mówili, że to powiększone węzły chłonne, może przeziębienie, badano krew, ale wyniki były OK. W listopadzie szyja zaczęła puchnąć, zrobiono biopsję, ale ona też nic nie wykazała. Odetchnęliśmy. W styczniu szyja nadal puchła, zmieniliśmy więc lekarza. Załatwialiśmy to wszystko w biegu, ja byłem wtedy na kursie menedżerskim w swojej firmie, Basia była dyrektorem personalnym w banku, na izbę przyjęć wbiegliśmy w garniturach, z laptopami. Dwie godziny później Baśka była na stole operacyjnym, pierwsza histopatologia, później druga i diagnoza – ziarnica złośliwa.

Co w tej sytuacji z ciążą?

Lekarz, który nas przyjmował, był zdruzgotany, powiedział: przyszliście za późno. Po powrocie do domu rzuciłem się do komputera, szukałem jakiejkolwiek wiedzy. Na stronie warszawskiego Centrum Onkologii znalazłem informację, że mają doświadczenie w leczeniu kobiet w ciąży z ziarnicą bez szkody dla dziecka, że na czterdzieści takich mam zmarła tylko jedna. Powiedzieliśmy o tym szefowi kliniki w pierwszym szpitalu, do którego trafiliśmy. Zbył nasze wątpliwości, powiedział, że jego zdaniem to eksperymenty, a jego zespół może się zająć leczeniem matki. „Zastanówcie się państwo przez weekend i od poniedziałku zaczynamy". „Ale...". „Nie ma żadnego ale, choć to państwa decyzja". Miałem w życiu dwa momenty, gdy czułem, że ziemia osuwa mi się spod nóg. To był pierwszy z nich. Ten człowiek chciał nam zabrać nadzieję.

Może chciał ratować, co się da?

Przekreślając dziecko, na które tak bardzo czekaliśmy? Sam dodzwoniłem się więc do doktor Elżbiety Wojciechowskiej-Lampki z Centrum Onkologii. Kazała przyjść z wynikami, powiedziała też: „Na razie nie ruszajcie dzidziusia, to ani nie pomaga, ani nie przeszkadza". To był bardzo ważny weekend. Rozmowy, łzy, modlitwa. Baśka powiedziała krótko: „Jest nadzieja? To, kurczę, walczymy".

Ganiałem po laboratoriach z wycinkami węzłów chłonnych, szykowałem przetarte zupki, przełyk Basi był tak wąski, że nie mogła jeść nic innego. Brała sterydy, a gdy w piątym miesiącu zasklepiło się łożysko, rozpoczęła sesje chemii. Trzy dni wlewów, pięć dni dochodzenia do siebie, przerwa na święty spokój, a później znowu. Efekt był natychmiastowy: opuchlizna zeszła w mgnieniu oka, Basia urodziła Mateusza siłami natury. Po porodzie sama brała wózek, szła z małym do lasu. W listopadzie była radioterapia. W trakcie nie wolno się myć, żeby nie drażnić poparzonej skóry. Baśka śmiała się więc, że wszystko jest świetnie ustawione, bo przynajmniej na święta będzie wreszcie czysta. Po świętach zrobiono tomografię – remisja, rak się cofnął. Byliśmy w siódmym niebie. Od połowy lutego Basia miała wrócić do pracy, wynajęliśmy już opiekunkę do dziecka. Ale wtedy zaczęło się znowu: gorączka, bezsenne noce, boleści. Kolejne badanie i diagnoza najgorsza z możliwych: wczesna wznowa. Jeśli nowotwór wraca tak szybko, to znak, że pierwsze uderzeniowe leczenie nie dało żadnych skutków.

To był cios. Kiedy człowiek pierwszy raz staje oko w oko z rakiem, ma w sobie wielką siłę, później trudniej zebrać się do walki. Baśka zdecydowała się jednak na kolejne chemie, w listopadzie okazało się, że trzeba przetoczyć jej krew. W mikołajki 2006 roku pojechaliśmy do Bydgoszczy na bardzo dokładne badanie PET. To wtedy dotarło do nas, że zaczynamy przegrywać. Gdy rak pojawia się w płucach, lekarze zmieniają ton: „Współczesna medycyna nie umie, nie zna, nie może". Po długim majowym weekendzie stan Baśki się pogorszył. Trafiła na internę w szpitalu przy ulicy Wołoskiej. W przeddzień jej urodzin zadzwoniła pielęgniarka: „Proszę szybko przyjechać, tylko niech się pan nie denerwuje". Do dziś pamiętam korek przy Galerii Mokotów. Gdy wbiegłem na oddział, Basię podłączano do respiratora. Krzyczałem, ale mnie nie słyszała. To był najgorszy dzień w moim życiu. Poukładany facet nie lubi znaków zapytania. Nawet jak ma przed sobą zły scenariusz, może rzucić pracę, zmienić mieszkanie, cokolwiek. A tu zabierają mi żonę, nie wiem, co się z nią dzieje. Prosiłem wtedy Boga tylko o jedno: żeby dał mi jeszcze czas.

Nie prosiłeś Go wtedy o cud?

Cudem było to, że dostałem ten czas. Lekarze nie dawali przecież Baśce większych szans: płuca walczyły ostatkiem sił. A mimo to jej stan się ustabilizował. Nie mogła mówić, więc napisałem jej alfabet na kartce, pokazywała mi litery, a ja powoli składałem z nich zdania. Do dziś mam kilka takich alfabetów, przemoczonych kroplówkami, lekami. W Boże Ciało doktor Wysocki, który opiekował się Basią, zapytał, czy chce zejść z respiratora. Matematyka mówi, że się nie uda, ale życie pisze różne scenariusze. W Baśce znów obudziła się wola walki, cały dzień uczyliśmy się oddychać. Dla mnie to była mistyka czystej próby: a więc świat nie polega na robieniu tabelek w Excelu, świat to prosta sprawa – prosta jak oddychanie. Zastanawiałem się, czy nie zabrać Baśki do domu, żeby mogła spokojnie być z nami do końca. Chciałem poszerzyć drzwi, wziąć z hospicjum aparat tlenowy. Lekarze powiedzieli, że jest jeszcze jedna metoda. Nie terapia, eksperyment. Są dwa warunki: świadoma zgoda pacjenta i wydolność oddechowa. Powiedzieliśmy: OK, próbujemy. Kroplówki miały zacząć się w piątek, w czwartek wziąłem Mateusza do szpitala, Baśka była zachwycona, jak sprawnie mały mówi. W nocy przyszło jednak gwałtowne załamanie formy. Rano – zespół ratunkowy, intubacja, znowu respirator. Baśka wróciła na OIOM. Pokazywała mi już wtedy na literkach, żeby nie modlić się o zdrowie, że mam prosić o zbawienie jej duszy. Pytała o znajomych, czy mają jakieś kłopoty, w których intencji mogłaby ofiarować ból. To był ostatni tydzień czerwca, czwartek, drugie urodziny Mateusza. Czytałem Basi listy od znajomych i SMS-y od mojej mamy, u której był nasz syn. Wieczorem była prawie nieprzytomna. Staliśmy przy niej z naszym przyjacielem, dominikaninem Marcinem Mogielskim. Próbowała wyciągnąć do nas ręce, jakby chciała nas przycisnąć do siebie. Nie chciała nas puścić. Marcin wspomniał później, że na kardiomonitorze widział tętno: sto czterdzieści pięć. Ja podobno pytałem: „Basiu, dokąd tak pędzisz?". Następnego dnia byłem w szpitalu po siódmej. Doktor Wysocki z zespołem odchodzili od jej łóżka. Serducho nie wytrzymało tempa. Moja żona umarła.

Co się stało z Tobą?

Zmieniłem się w automat. Zadzwoniłem do rodziców, pojechałem do domu. Powiedziałem Mateuszkowi, że mama poszła do nieba. Bardzo się z tego ucieszył. Zryczałem się wtedy jak bóbr. Przeczytałem e-mail z czytaniami z Biblii, który każdego dnia wysyłał mi serwis mateusz.pl. Na ten dzień przypadał kawałek ze Świętego Pawła: „W dobrych zawodach wystąpiłem, bieg ukończyłem, wiary ustrzegłem". Stałem i patrzyłem w ekran jak głupi. Następne dni to formalności: akt zgonu, ubezpieczenia. Chciałem załatwić to jak najszybciej i wyjechać gdzieś z synem.

Jesteś zorganizowanym człowiekiem, a śmierć to szczyt dezorganizacji.

Dlatego jestem tak wdzięczny Baśce, że przygotowywała mnie do swojej śmierci. Za to, że gdy przyszło cierpienie, nie uciekaliśmy od niego i od siebie, bo tylko dzięki temu nie popadliśmy w rozpacz. Gdy dowiedzieliśmy się, że będziemy mieć syna, Baśka powiedziała mi coś, co do dziś pamiętam: „Dobrze, że to chłopczyk, będzie ci łatwiej go wychowywać".

Nie żachnąłeś się: „Co ty opowiadasz"?

Tu jest kartka, pismo Basi, leżała wtedy na Wołoskiej, widać, że drżała jej ręka. „Kiedy pogrzeb?" Pierwszy i ostatni raz ją wtedy opieprzyłem. Ale dziś widzę, z jak mądrą kobietą miałem szczęście być. Baśka tak ustawiała nasze rozmowy, że rzeczywiście dobrze wykorzystaliśmy ten czas, nie traciliśmy go na zabobony czy histerie. W końcu przez całe nasze wspólne życie było tak, że gdy dochodziliśmy do ściany, dostawaliśmy od Boga nowy plan, na pozór nierealny, ale to był Jego plan. I zawsze się udawał.

Plan?

Bóg nie jest kosmicznym sadystą, choroba to nowy plan, coś do przepracowania. Nie ma uniwersalnych metod, każdy pracuje z tym, jak umie. A my z Baśką byliśmy klasycznymi absolwentami SGH – dokładni, perfekcyjnie zorganizowani. Do dziś co rano robię sobie karteczkę, na której zapisuję swoje cele. Połowy i tak nie osiągnę, ale to nieważne – planowanie pomaga wybrać z wielu spraw to, co naprawdę się liczy. Tym razem też tak było. Dobrze pamiętam dzień, gdy w przychodni przy ulicy Bitwy Warszawskiej 1920 roku pierwszy raz padło słowo „nowotwór". Zawsze byłem facetem o dość prostej konstrukcji. Moim szefom mawiałem: pokaż mi szczyt, a ja jakoś tam wejdę. Teraz w jednej chwili mój szczyt znalazł się za mgłą. Ta mgła zniknęła tylko dzięki rozmowom z Baśką. Lekarze nas pocieszali, ale my twardo pytaliśmy, co będzie, jeśli się nie uda. I ustaliliśmy cel numer jeden: chcemy wychować nasze dziecko. To był nasz szczyt, nasze Himalaje. Gdy już to wiedzieliśmy, zaczęliśmy planować mniejsze rzeczy. Trzeba było wykończyć mieszkanie, kupiliśmy kawałek ziemi pod Warszawą z myślą o weekendowym domu dla nas i znajomych. Zaczęliśmy słuchać muzyki w dużych dawkach, czytać na głos wierszyki, robić te wszystkie rzeczy, które robią rodzice, gdy się dowiedzą, że są w ciąży.

Próba zagadania losu? Ucieczka do przodu?

Nie ucieczka, realizm. Ziarnica to nie katar, a skoro może nas rozłączyć, trzeba sensownie przeżyć każdą chwilę razem. Postanowiliśmy: obcinamy puste przebiegi, bezsensowne wyjścia. Zanim wyjechałem w delegację, zastanawiałem się pięć razy, czy naprawdę muszę jechać.

Nie mogę uwierzyć, że nie chcieliście szukać kolejnych terapii, błagać o cudowne uzdrowienie, walczyć?

Walczyliśmy, ale żaden cud nie unieważni śmierci. O tym też gadaliśmy kiedyś z Baśką – ludzie cudownie uzdrowieni przez Jezusa też przecież kiedyś umarli. Baśka walczyła jak bohaterka, nie wiem, co by było, gdybym zobaczył, jak moja ukochana kobieta się załamuje. Te wszystkie chemie, respiratory, miała momenty wahań, pisała mi, że już dłużej nie może, ale później zbierała się w sobie. Czytam jej zapiski z ostatnich tygodni życia. Miłość to nie słodkie wzdychanie, miłość to konkret: „Prasuj Mateuszowi ubranka". „Przed Pierwszą Komunią wyślij go na rekolekcje". „Jak będzie większy, chodź z nim w »kulturalne« miejsca, a czasem do knajpy”. Mam w komórce jej SMS-a: „Pamiętaj, że wszystko ma sens; i to, że jest Mateusz, i to, że jestem chora”. Dziś nie ma co dzielić tej sytuacji na czworo, pytać, co by było, gdyby. Gdybyśmy wcześniej rozpoznali chorobę, może Baśka byłaby zdrowa? Ale może wtedy dostalibyśmy zakaz zachodzenia w ciążę i nie byłoby Mateusza? A gdyby go nie było – jak przeszlibyśmy chorobę? Przecież Baśka w szpitalu pytała głównie o niego, czy jest wykąpany, co będzie robił jutro, na podajniku do kroplówek miała jego zdjęcia. Dziś modlę się do Basi, żeby mi pomogła, boję się, żeby nie zafundować małemu wyłącznie męskiego świata. Mateusz przychodzi i pakuje mi się na kolana, pytam go, czy chce jeść, czy coś go boli, a on po prostu chce się przytulić. Wciąż nie łapię jeszcze takich rzeczy.

Jak przeżyłeś żałobę?

Też po swojemu, po naszemu. Po pogrzebie pojechaliśmy z całą rodziną na kilka dni nad Zalew Sulejowski. Po powrocie robiłem to, co robiłbym z Baśką, chodziłem na koncerty, uwielbialiśmy Anię Jopek, Anię Dąbrowską, Dorotę Miśkiewicz. Już wtedy docierały do mnie głosy: jesteś w żałobie, co pomyślą ludzie. W moim małżeństwie z Baśką jedną z najpiękniejszych rzeczy było to, że mieliśmy serdecznie w nosie, co ludzie o nas powiedzą.

Ludzie, widząc stratę, nieszczęście, próbują za wszelką cenę coś powiedzieć, coś zrobić.

Doświadczyliśmy tego, gdy Basia chorowała. Na rozesłany SMS-ami apel o krew zgłosiło się kilkaset osób, przyjaciele modlili się, uruchomili sztafetę różańcową. Inni załatwiali swój lęk przed cierpieniem, rzucając hasła: „Głowa do góry" albo zadając choremu w terminalnej fazie raka pytanie najbardziej kretyńskie z możliwych: „No i jak się czujesz?". Wielkiej pracy wymagało przekonanie, zwłaszcza najbliższych, że jeśli prosisz o obiad, nie musi to być żywność dla pułku wojska na miesiąc, a jeśli podajesz im nazwę maści, dostajesz tylko tę, a nie jeszcze siedem innych. Najbardziej pomagali nam ci znajomi, którzy po prostu wpadali, robili sobie herbatę, opowiadali, co u nich. Szef Baśki – w tajemnicy przed nią – pytał mnie, czy zamiast iść na rentę, nie chciałaby wciąż pracować u niego jako konsultant przez dwie godziny w tygodniu. Niby nic, ale żebyś widział jej minę, jak siedziała z laptopem na łóżku i pisała mu analizy z prawa pracy. Oni utrzymywali nas w świecie zwykłych spraw, zakotwiczali nas w codzienności. Ich dobro wytrzymało też próbę śmierci. Na pogrzebie Basi o nic nie musiałem się troszczyć, ktoś załatwił autokar, resztę ludzi rozwieźli koledzy z pracy. Kolega, aktor, zaśpiewał jej ulubioną pieśń „Zdumienie". Były skrzypki, trąbka.

A emocje? Czysty ludzki gniew? Żal? Nie obraziłeś się po tym wszystkim na Boga?

Nie jestem robotem, tęsknię, płaczę. Ale dziś więcej się też modlę. Pamiętam moją żonę, gdy nie mogła już przyjmować komunii, a Marcin dawał jej po prostu hostię w dłonie. Leżała, miała zamknięte oczy, siedzieliśmy, każdy modlił się po cichu. Przez te dwa lata nauczyłem się, że religijność to nie zrywy raz na pół roku i spowiedź od święta, że w życiu nie chodzi o bohaterstwo, dobre życie to sensownie wypełniona codzienność. Przypomniałem sobie, że gdy byłem mały, zbieraliśmy z babcią porzeczki – czynność z pozoru nudna, dłubiesz i dłubiesz, ale to nadaje życiu jakiś rytm. Dziś szukam swojego rytmu. Muszę się wsłuchać, poczekać, nic na siłę.

Co powiesz Mateuszowi o Basi?

Cały czas się do tego szykuję. Próbuję zapisywać myśli, boję się, żeby nie spłaszczyć historii do dat w kalendarzu, do nazwisk lekarzy. Basia w szpitalu pisała do niego listy, pozna ją więc z pierwszej ręki.

Czytasz to, co napisała?

Ostatnio czytałem wiersze, jakie pisała, gdy jeszcze nie byliśmy małżeństwem. Później już ich nie pisała. Żartowaliśmy, że wzięła się do wcielania wierszy w życie.

Czego ci brakuje najbardziej?

Naszych rozmów. I pytania: co jutro robimy?

CZŁOWIEK UMIERA DWA RAZY

[Tomasz Trojanowski, neurochirurg]

Profesora Trojanowskiego poleciła mi koleżanka. Umierała moja babcia, lekarze mówili, że to kwestia dni. Profesor zgodził się na konsultację. Wybierał się na konferencję gdzieś w świecie, miał przyjechać pospiesznym z Lublina, umówiliśmy się, że odwiozę go z Dworca Centralnego do hotelu przy lotnisku. Zaczęliśmy rozmawiać o śmierci. Później, w środku nocy, w hotelowym lobby profesor studiował zdjęcia, wyniki badań. Operacja się udała, ale nowotwór znów zaatakował, babcia zmarła. Spotkaliśmy się rok później w innym warszawskim hotelu, by dokończyć rozmowę. Profesor onieśmiela uprzejmością, dopytywał długo o babcię, martwił się, czy nie mówi zbyt medycznym żargonem, czy aby na pewno wszystko będzie zrozumiałe.

Jak wygląda śmierć?

Śmierć chyba nie chce, żeby ją widziano. Gdy zaczynałem specjalizację z neurochirurgii, często operowałem pacjentów, których przywożono z wypadków. Wtedy nie było jeszcze tomografii, więc gdy tylko podejrzewaliśmy krwiaka mózgu, staraliśmy się natychmiast otworzyć czaszkę pacjenta. Komórki mózgu, jeśli nie dopływa do nich krew, żyją mniej więcej pięć minut. Zwykle zaraz po otwarciu czaszki wiedzieliśmy, kto tym razem był pierwszy – my czy śmierć. Żywy mózg – nawet najbardziej potłuczony i chory – tętni tym życiem. Fale krwi napływającej z serca wypełniają naczynia, całość pęcznieje i kurczy się – faluje. Mózg człowieka, którego śmierć odwiedziła przed nami, jest nieruchomy. Zimny. Jednolita, martwa, szarobiała masa. Może śmierć to różnica między tymi obrazami?

Na pana oddziale leży motocyklista po wypadku. Ma ciężki uraz głowy. Jest nieprzytomny. Oddycha za niego respirator, ale jego serce bije. Skóra jest różowa, nie przybiera żadnych trupich odcieni. Wygląda, jakby spał. Za chwilę na oddział może jednak wejść komisja, która stwierdzi, że ten człowiek nie żyje. Przyjedzie zespół chirurgów, wyjmie mu się to bijące serce i wszczepi potrzebującemu. Nigdy nie miał pan wątpliwości co do tego, że by uznać śmierć człowieka, wystarczy stwierdzić śmierć jego mózgu?

Nie, odkąd znam pogląd, jaki wyrobiły sobie na tę sprawę autorytety medyczne, etyczne i prawne. Mało tego, sam brałem udział we wprowadzaniu w Polsce standardów pokazujących, jak powinno się stwierdzać śmierć mózgu.

Te standardy zaczęły jednak robić światową karierę dopiero w latach siedemdziesiątych. W Polsce zaczęto je stosować jeszcze później. Są kraje, gdzie nie przyjęto ich do dzisiaj. W niektórych miejscach na świecie polski zmarły byłby uznany za żywego. Pan sam wcześniej leczył pacjentów, których dziś uznaje pan za zmarłych.

Oni byli zmarli, ale ja przy ówczesnym stanie wiedzy nie mogłem być jeszcze tego pewien, nie mogłem powiedzieć, że to wiem. Przecież nie mogliśmy stwierdzić, że ludzie umierają na HIV, zanim ten wirus został odkryty. Medycyna rozwija się znacznie szybciej niż ludzkie wyobrażenia i przyzwyczajenia. Wiem, że są ludzie, dla których mówienie o śmierci człowieka, którego ciało jest żywe, jest sprzeczne ze zdrowym rozsądkiem. Tylko za kilkadziesiąt lat ten zbiorowy zdrowy rozsądek będzie wyglądał zupełnie inaczej. Ludzie przyzwyczają się do myśli, że gdy umiera mózg, człowiek przestaje być człowiekiem. Odtąd mamy do czynienia z tym, co z niego zostało. To są ludzkie szczątki. Zbiór narządów. Tylko tyle.

Ma pan przed sobą wspomnianego motocyklistę. Jak pan dochodzi do przekonania, że nie jest on już Markiem Kowalskim, lecz zbiorem tętnic, tkanek i kości?

Jako neurochirurg najpierw muszę upewnić się, że zrobiłem wszystko, co mogłem dla niego zrobić. Muszę sprawdzić, co ten człowiek „ma w głowie". Jaki był mechanizm urazów, czy są do naprawienia, czy nie. Ustalę, czy nie jest wychłodzony. Zbadam poziom alkoholu i leków we krwi, by mieć pewność, że jego mózg nie jest po prostu czymś zatruty, bo wtedy mógłbym spróbować go odtruć. Pacjenci w tak ciężkim stanie zaraz po niezbędnych operacjach trafiają zwykle na oddział intensywnej terapii. I to tam najczęściej pojawiają się pierwsze podejrzenia, że możemy mieć do czynienia ze śmiercią mózgu.

Jak ją rozpoznać?

Anestezjolodzy wykonują serię testów. Świecą pacjentowi w oczy, sprawdzają reakcję źrenic na światło. Jeśli nic się nie dzieje, dotykają gałki ocznej. Nawet głęboko nieprzytomny człowiek musi wtedy zmrużyć powieki. Później lekarze robią tak zwaną próbę kaloryczną. Strzykawką wpuszczają do ucha lodowatą wodę. Oczy pacjenta powinny natychmiast zwrócić się w tę stronę. Następnie uciskają nerw trójdzielny, by sprawdzić, czy chory zareaguje na ból. Poruszając rurką intubacyjną i drażniąc krtań, badają, czy ma odruch kaszlowy i wymiotny. Sprawdzają też, czy występuje u niego objaw „oczu lalki". Normalnie, gdy poruszamy głową na boki, nasze oczy również się poruszają, w przeciwną stronę. U ludzi, u których doszło do śmierci pnia mózgu, gałki oczne będą wyglądały niczym wmontowane – właśnie jak u lalki. Na zakończenie nasyca się pacjenta czystym tlenem, po czym wyłącza się respirator i obserwuje wzrost stężenia dwutlenku węgla we krwi. To najsilniejszy „argument", jakim można przekonać mózg, żeby włączył oddychanie. Jeśli nie włączy – z powrotem podłącza się respirator, zaznaczając jednak, że pacjent bezpowrotnie utracił zdolność samodzielnego oddychania. Wszystkie te zabiegi po trzech godzinach musi powtórzyć trzyosobowy zespół, w którego składzie jest anestezjolog i neurolog albo neurochirurg.

Gdy wprowadzano definicję śmierci mózgowej, kazano czekać lekarzom z powtórzeniem badania czterdzieści osiem godzin. Później dwadzieścia cztery. Dzisiaj – tylko trzy. Amerykański neurolog dr Alan Shewmon, przeciwnik definicji śmierci mózgowej, tłumaczy to prosto: biorcy narządów nie mogli tyle czekać.

Shewmon faktycznie sugeruje, że to transplantolodzy żądni „świeżych narządów" urządzili „medyczny zamach stanu". Dowodzi, że za definicją śmierci mózgowej nie stoi nic poza tym, żadne naukowe odkrycia. Ale to bzdura. Trzy godziny czekamy właśnie dlatego, że w ciągu ostatnich lat bardzo zmienił się nasz zasób wiedzy. I dziś wydaje się, że trzy godziny to i tak za długo. Przede wszystkim proszę pamiętać, że rozmawiamy o stosunkowo niewielkiej grupie pacjentów, większość śmiertelników umrze nie niepokojona przez żadną komisję. Śmierć mózgową stwierdzamy bowiem najczęściej u chorych z ciężkimi urazami głowy albo udarami, u których ciśnienie w czaszce uniemożliwiało dopływ krwi do mózgu. A jak już mówiłem, komórka nerwowa, do której nie dopływa krew, ginie w ciągu około pięciu minut. Tu nie ma mowy o żadnych wątpliwościach. I dokładnie, krok po kroku, możemy prześledzić, jak to umieranie wygląda. Otóż chwilę po zmniejszeniu się dopływu krwi komórka zaczyna kombinować, pożycza potrzebne substancje z sąsiednich tkanek, przestraja swój metabolizm na tryb kryzysowy, ale nie ma już dość energii, żeby produkować neuroprzekaźniki konieczne do przewodzenia impulsów nerwowych. Na tym etapie mózg więc jeszcze żyje, ale już nie działa. A jeśli krew nadal nie dopływa, komórka zaczyna mieć problemy z utrzymaniem struktury. Ucieka z niej potas, a wdziera się sód. I komórka puchnie. Rozerwana zostaje błona komórkowa. Wyłączają się „elektrownie" komórkowe – mitochondria. Komórka umiera. Po trzech godzinach wiemy na pewno, że jeśli komórki mózgu nie dały znaku życia, to nigdy już nie dadzą, bo się rozpadły. Komisja podpisuje protokół stwierdzający, że człowiek nie żyje.

Tylko skąd to wiemy? Skąd pewność, że jakiś zestaw komórek jeszcze nie walczy, że w mózgu nie tli się jeszcze życie?

Wcale niewykluczone, że się tli. Takie pojedyncze żyjące komórki kory mózgowej można porównać do sprawnych wtyczek czy przełączników, które próbują działać w zniszczonej centrali telefonicznej. Komputer sterujący tą centralą jest martwy. Nie działa system przesyłania sygnałów do domów. Wtyczka może działać, ale ta centrala nigdy już nie połączy rozmowy. Taki mózg już nigdy nie podejmie swojej funkcji.

A jednak powtórzę pytanie – skąd pewność? Kiedyś, aby ostatecznie potwierdzić śmierć mózgu, wykonywano angiografię – zdjęcie naczyń mózgowych, żeby stwierdzić, czy rzeczywiście krew nie płynie przez mózg. Robiono EEG, sprawdzając, czy mózg istotnie nie wysyła sygnałów. Dziś tego zaniechano.

I słusznie. Angiografia to badanie inwazyjne, choremu trzeba podać kontrast, nakłuć mu tętnicę. A jeśli ten człowiek, u którego podejrzewam śmierć mózgu, wcale nie jest nieżywy, tylko w ciężkim stanie? Stoi na granicy, a to badanie mogłoby ostatecznie strącić go w przepaść. EEG nie wykonujemy zaś, bo to po prostu nic nie daje. Przecież, gdy zapis pokazuje, że nie ma fal mózgowych, zawsze można powiedzieć: „trzeba było zwiększyć czułość". Tylko że jeśli zwiększymy czułość, aparat wykryje też ruch jakichś zabłąkanych w pomieszczeniu elektronów i weźmie go za pracę mózgu. Są lekarze, którzy proponują badanie przepływu krwi w mózgu z wykorzystaniem USG tętnic mózgowych, tzw. Dopplera. Co jednak z osobami, które mają czaszkę tak grubą, że nie przepuści wiązki ultradźwięków? Wynik będzie negatywny, a pacjent będzie żył. Dlatego ograniczyliśmy się do metod stwierdzania śmierci pnia mózgu, które nie wymagają użycia specjalistycznego sprzętu.

Dlaczego wystarczy stwierdzić śmierć samego pnia?

Bo dziś wiemy już, że to właśnie on jest sercem tej centrali, centrum zarządzania siecią. W pniu znajduje się ośrodek sterujący oddychaniem. Jest tam także tak zwany twór siatkowaty – rodzaj wyłącznika, który codziennie rano włącza, a wieczorem wyłącza naszą korę mózgową, naszą świadomość. Gdy twór siatkowaty wyłącza korę, zapadamy w sen, bodźce o normalnym natężeniu – hałas, światło – nie są analizowane. Nie wiemy, co się z nami dzieje. Trwałe uszkodzenie pnia oznacza więc, że świadomości nie odzyskamy już nigdy. W pniu znajdują się też ośrodki zawiadujące oddychaniem, pracą serca i mięśni odpowiadających za napięcie naczyń krwionośnych, koordynacją ruchów gałek ocznych. To tam mieszczą się jądra nerwów czaszkowych, które sterują działaniem głównych zmysłów. Przez pień biegną też do kory drogi nerwowe ze wszystkich części ciała (i z powrotem). Pień mózgu mamy doskonale rozpoznany, jego śmierć możemy więc stwierdzić bez żadnych wątpliwości, badając po kolei działanie wszystkich jego części. Te wszystkie testy, uciskanie, świecenie, nalewanie wody, są właśnie po to, by krok po kroku zbadać, czy w jakimś zakątku pnia tli się jeszcze życie.

W pniu może się nie tli, ale przecież serce tego człowieka bije! Shewmon opisywał przypadki, kiedy człowiek w stanie śmierci mózgowej poruszał się, siadał.

Z tym siadaniem to Shewmon przesadza. Choć ma rację, że u takiego człowieka mogą wystąpić odruchy rdzeniowe, na przykład gdy go podrapiemy w podeszwę stopy, może zgiąć nogę. Zdarzają się bowiem sytuacje, gdy mózg obumarł, ale rdzeń kręgowy nadal żyje.

Mówił pan, że z chwilą śmierci pnia mózgu gaśnie centralny system sterujący ludzkim organizmem. Shewmon obala jednak ten argument. Podaje przykłady dowodzące, że organizm może sobie poradzić również bez udziału pnia. Przykład pierwszy: regulowanie ciśnienia krwi z chwilą śmierci mózgu przejmują przecież hormony.

Tylko jak one działają? Regulacja ciśnienia przez układ nerwowy jest błyskawiczna. Tymczasem zanim hormon się wydzieli, zanim opłynie organizm, zanim się rozłoży, mijają godziny. To działanie równie sprawne jak zarządzanie nowoczesną firmą bez stosowania e-maili, tylko za pomocą pocztowych dyliżansów. Tu nie ma mowy o efektywnym sterowaniu. Mózg utracił zdolność do integralnego zarządzania organizmem.

Shewmon wylicza jednak dalej – u ludzi ze stwierdzoną śmiercią mózgu goją się rany, jeśli są to kobiety w ciąży – płód rozwija się dalej. Rosną paznokcie i włosy. U młodych ludzi – rosną kości. To chyba zasadne pytanie:

jak można uznać za zmarłego człowieka, którego ciało się rozwija?

Odpowiem pytaniem: czy doktor Shewmon proponuje więc, by za zmarłych uznawać tylko tych, u których umarły już wszystkie komórki? W takim razie czekajmy ze stwierdzeniem śmierci jeszcze dwa tygodnie po pogrzebie. Aż obumrze ostatnia komórka paznokcia czy włosa. One są naprawdę wściekle oporne na wszelkie próby zagłodzenia i – choć serce stoi już od kilku dni – pracują w najlepsze dalej. Ja się będę spierać z doktorem Shewmonem, bo moim zdaniem życie komórkowe naprawdę jest czym innym niż życie ludzkie. W amputowanej nodze komórki żyją przecież, pobierają pokarm, pracują. Ale przecież nikt nie twierdzi, że ta noga to człowiek!

Shewmon sugeruje jednak, że takie podejście jest niebezpieczne, bo otwiera możliwość popełnienia drastycznych błędów. Uznania za zmarłego kogoś, kto żyje.

Tylko co on proponuje w zamian? Trzymanie tych ludzi tygodniami na respiratorach, aż zaczną się procesy gnilne?

Nie. Pisze, że za moment śmierci powinniśmy uznać chwilę, gdy procesy dezintegracji organizmu przekraczają punkt krytyczny, gdy jego rozpadu nie da się już odwrócić. Lokuje ten moment dwadzieścia, trzydzieści minut po zatrzymaniu krążenia.

Tylko dlaczego właśnie wtedy? Co się zatrzymuje dwadzieścia minut po krążeniu? Przecież gdy serce stanie, na przykład jelita będą się jeszcze poruszać. Dlaczego więc nie wtedy, gdy one się zatrzymają? Zamiast się przekomarzać nad łóżkami umierających ludzi, zacznijmy może od początku. Żeby zrozumieć, co to jest śmierć, trzeba najpierw uświadomić sobie, czym jest życie. Przyroda jest bowiem tak pomyślana przez Stwórcę, że wszystko w niej dąży do wyrównywania istniejących różnic. Poza organizmami żywymi, bo ich komórki żyją wtedy, gdy zwiększają tę różnicę, sprawiają, że człowiek jest czym innym niż ziemia czy woda. Komórki pracowicie budują różnice energetyczne między sobą i otoczeniem. A gdy umierają, różnice między człowiekiem a otoczeniem zanikają. Mówimy, że ciało ulega rozkładowi, znikają różnice między nim a ziemią, która je przyjęła. Czytałem wnikliwie teksty Shewmona i zgadzam się z nim co do jednego, śmierć to nie moment, to proces. Proces szalenie złożony. Tylko, moim zdaniem, punktem krytycznym w tym procesie jest ten, w którym człowiek przestaje być człowiekiem. W którym nieodwracalnie traci świadomość, zmysły, możliwość analizowania bodźców, własnej sytuacji, nie może reagować na zagrożenie, na bodźce, na nic. Shewmon nie zgodzi się ze mną, wyzwie mnie od zwolenników Kartezjusza, który oddzielał ducha od ciała, ale ja będę bronił swojego poglądu – w świetle dzisiejszej wiedzy medycznej człowiek umiera dwa razy. Z naszego punktu widzenia – jako ludzi – człowiek umiera biologicznie wtedy, gdy umiera pień mózgu. A po tym człowieku pozostaje zbiór komórek i organów, które umierają później, każde w swoim czasie.

Shewmon pyta jednak, co w tej sytuacji zrobić z Arystotelesem i św. Tomaszem z Akwinu. Oni sugerowali, że człowieka nie da się oddzielić od jego duszy, że dusza mieszka w każdej części jego ciała. I jeśli ciało żyje, żyje też człowiek.

W czasach Arystotelesa nie było respiratorów. Pamiętajmy, proszę, że nasza dyskusja nie miałaby miejsca, gdyby nie postęp medycyny. Tych kilkaset czy kilka tysięcy lat temu nie mielibyśmy wątpliwości, że człowiek z martwym pniem mózgu nie żyje. Przecież on nie oddycha, umiera więc po pięciu minutach. Gdyby był dobrze natlenowany – po półgodzinie.

Ale dzięki pomocy maszyny oddycha, więc może nadal jest człowiekiem?

Nie jest już człowiekiem. Podobnie jak płód, który rodzi się bez mózgu – wbrew temu, co mówi Shewmon – w mojej opinii też nim nie jest.

To czym jest?

Nie wiem. Nie podejmuję się tego nazwać. Wiem tylko jako lekarz, że dzieci z bezmózgowiem nie mają płaszcza korowego, który odróżnia człowieka od zwierząt i od roślin, który pozwala mu reagować na świat w sposób nieodruchowy. Nie mają pamięci, nie mogą się uczyć, nie gromadzą doświadczeń, nie są w stanie wytworzyć sobie idei przedmiotu. Inna rzecz, że akurat u noworodków nie stosuje się definicji śmierci mózgowej, tu sprawa jest znacznie bardziej złożona. Wracając jednak do głównego wątku, Shewmon opisuje przypadek dziecka, które dożyło mimo to kilkunastu lat i ładnie się rozwijało. Tyle że to było przecież dziecko z wodogłowiem, a to zupełnie inna historia. Dziecko z wodogłowiem ma mózg. Dziecko bezmózgowe umiera zaś zwykle po kilku dniach, ale gdyby było inaczej, trzeba sobie uczciwie powiedzieć, że byłaby to jedynie ludzka powłoka, ale nie człowiek. Choć w sensie kulturowym – rzecz jasna tak. Podobnie jak na przykład ludzkie szczątki. Nikt przytomny nie powie, że zmarły to w pełni człowiek. Co nie zwalnia nas od szacunku dla jego szczątków.

Problem w tym, że cały czas poruszamy się w sferze umownej. Umówmy się, że nie żyje ten, komu umarł pień mózgu. Umówmy się, że bezmózgowce to nie ludzie. Umówmy się, że Terri Schiavo – ponieważ nie ma świadomości – nie jest człowiekiem i możemy ją potraktować jak roślinę. Za chwilę możemy się umówić, że panu czy mnie powinno się odciąć rękę.

Bez przesady. Z Terri Schiavo sprawa wyglądała jednak nieco inaczej. Stan dziecka, które nie miało i nie będzie miało mózgu, z pewnością się nie polepszy. Tego w przypadku Terri Schiavo stwierdzić nie było można, bo przecież kiedyś funkcjonowała zupełnie normalnie. Nie mieliśmy pewności, jaki obszar jej kory mózgowej został wyłączony. A według mojej wiedzy wystarczy choćby śladowa ilość sprawnej kory, aby nie mogło być mowy o tym, że uszkodzenie mózgu jest nieodwracalne. Kora jest bowiem szalenie plastyczna i gdy jakiś jej obszar zostaje uszkodzony, jego funkcje zaraz przejmuje inny. Chory po udarze nie mówił, a potem zaczyna mówić. Nie chodził, a po kilku tygodniach zaczyna chodzić. Człowiek w normalnej sytuacji wykorzystuje pewnie około dziesięciu procent swojej kory mózgowej, reszta to zapas, który w każdej chwili może się uruchomić. Nikt rozsądny nie powinien stawiać diagnozy, że zmiany u Terri Schiavo miały charakter nieodwracalny. Poza tym, proszę pamiętać, że ona samodzielnie oddychała.

Nie miała jednak świadomości, nie analizowała bodźców, nie podejmowała dialogu z otoczeniem. W świetle tego, co mówił pan wcześniej, nie była człowiekiem.

To nie tak. Ona faktycznie w danym momencie nie przejawiała funkcji ludzkich, ale nie mieliśmy stuprocentowej pewności, czy to proces nieodwracalny. Pień jej mózgu działał. Nie było żadnych podejrzeń, że ona nie żyje.

A mimo to postanowiono ją zagłodzić, bo pozwalało na to prawo. Kolejna społeczna umowa, która wchodzi w obszar moralności.

Tak to wygląda w Stanach. Oczywiście w medycynie trwa dyskusja, czy leczyć chorych w stanie terminalnym, takich u których nie da się zatrzymać czy odwrócić procesu umierania. Czy leczyć silnymi antybiotykami zapalenie płuc u osoby, która niechybnie i tak umrze za kilka dni? Problem Terri Schiavo polegał na tym, że mieszkała na Florydzie, gdzie podawanie pokarmu osobom w jej sytuacji prawo uznaje za formę leczenia, a leczenie można przerwać, jeśli nosi cechy nieskutecznej, „uporczywej" terapii. W niektórych innych stanach karmienie jest zaś po prostu uznawane za element podstawowej pielęgnacji. Terri skończyły się też środki z ubezpieczenia. A tam człowiek sam decyduje, jakiego poziomu świadczeń oczekuje, i za nie płaci. Człowiek nieubezpieczony nie umrze pod płotem, ale władze stanowe mówią wyraźnie – płacimy na przykład za tydzień jego pobytu w szpitalu. Później szpital musi znaleźć kogoś, kto zapłaci za leczenie, sponsora, organizację dobroczynną, kogokolwiek, kto wypisze czek.

W Polsce rzecz wygląda jednak chyba trochę inaczej? Nierynkowy system w służbie zdrowia ma jednak swoje dobre strony?

Rynkowy też je ma, ale powinien zaspokajać jakoś potrzeby tych, których nie stać na polisę za tysiąc złotych, bo mają w kieszeni złotych dziesięć. Pyta pan, czy w Polsce jest inaczej niż w Stanach. Owszem jest, ale i u nas nie brakuje dylematów. Co zrobić, gdy mam kontrakt na tysiąc badań rezonansem magnetycznym i dwa tysiące pacjentów, których powinienem zbadać? Rzecz jasna, mogę ich zbadać, może nawet uratować im życie. Tylko jeśli uratuję im życie, szpital padnie, przyjdzie windykator i zrobi w nim hurtownię obuwia. A jeśli zabraknie szpitala, życie będzie mogło stracić znacznie więcej niż tysiąc osób. Kogo mam narazić na śmierć, komu podarować życie? Inny przykład. Wyobraźmy sobie, że z powodu takich a nie innych nakładów na inwestycje w służbie zdrowia mam w szpitalu jedno łóżko intensywnej opieki, zajęte przez osiemdziesięciolatka z rozsianym nowotworem, po zawale, z ciężką sepsą, którego szanse bliskie są zeru, a właśnie wiozą mi młodego chłopaka z wypadku, który, gdyby położyć go na przyzwoitym OIOM-ie, miałby szansę wyżyć. Na oddziale jego szanse będą dużo mniejsze. Co mam zrobić w takiej sytuacji?

No właśnie, co?

Na przykład w Niemczech obowiązuje kategoryczny zakaz przenoszenia chorych w ciężkim stanie na łóżka o odrobinę niższym standardzie opieki, nawet jeśli miałoby to zwolnić miejsca dla chorych lepiej rokujących. Prawo mówi, że żywy człowiek to żywy człowiek i nie nam oceniać, jakie ma szanse. Tam za zamianę wspomnianego osiemdziesięciolatka z młodym powypadkowiczem grozi więzienie.

A w Polsce?

W Polsce pewnie by się takich chorych podmieniło.

Rodzina osiemdziesięciolatka mogłaby jednak podać szpital do sądu.

I pewnie by wygrała. Dziś w medycynie trzeba mieć jasne kryteria. To dlatego rozmawiamy o śmierci mózgowej właśnie dzisiaj. Bo dziś muszę sobie zadać pytanie, czy jest sens stosować sztuczny oddech u pacjenta, u którego żyje tylko noga, ręka, serce i paznokieć?

I po to była wam definicja śmierci mózgowej?

Między innymi po to. Proszę mnie zrozumieć, nam naprawdę jest łatwiej czekać, nie podejmować trudnych decyzji. Myśmy walczyli o tego człowieka, staraliśmy się. Wyłączenie respiratora jest przyznaniem się do klęski. Każdy z nas łudzi się w duchu, że może jeszcze troszkę, że może ruszy. Ale tak się nie da w nieskończoność. Dlatego potrzebne są powszechnie akceptowane, obiektywne kryteria. To zawsze strasznie bolesna decyzja. Tym bardziej, że ci sztucznie podtrzymywani przy życiu pacjenci z OIOM-ów są najczęściej bardzo dobrze natlenowani. Ich serca potrafią bić jeszcze długo.

Chyba że wcześniej przyjedzie zespół transplantologów, by je pobrać do przeszczepu. To ryzykowna zabawa, gdy do porządku rzeczy ostatecznych wprowadza się logikę zysków i strat: ty coś stracisz, by zyskać mógł ktoś. Według japońskiego prawa to, czy pacjent z martwym pniem mózgu zostanie uznany za zmarłego, zależy od zapisu, jaki widnieje w jego karcie dawcy. Jeśli chciał być dawcą, uznaje się go za zmarłego i pobiera narządy, jeśli nie – czeka się dalej.

Zapewniam pana, że pytanie o to, kiedy można zaprzestać uporczywego podtrzymywania życia, zadawaliśmy sobie, zanim rozpowszechniły się przeszczepy. Byłem przy tym, wiem, jak to było. Transplantacje przyszły później. A z nimi konieczność podejmowania szybkich decyzji, bo pacjent, który był „na respiratorze" przez kilka tygodni, nie nadaje się na dawcę narządów. Ten system naprawdę działa tak uczciwie, jak tylko można. Ciągłe kontrole. Zespoły orzekające śmierć, pobierające narządy i wszczepiające narządy zwykle w ogóle się nie znają. Zresztą każdy z nich, każdy z nas, płaci za to swoją cenę. Proszę mi wierzyć, że każdy z tych chirurgów najchętniej leczyłby chorych, których można wyleczyć, a nie wyjmował bijące serce z ciała. Pielęgniarki mają naprawdę dużo wdzięczniejsze zajęcia niż podawanie zwłokom krwi, by podtrzymać narządy do przeszczepów w dobrym stanie. My się niejako do tego zmuszamy, wiedząc, że w innym szpitalu czeka ktoś, komu to serce czy nerka uratują życie. Dla anestezjologa to nie jest żadna szczególna satysfakcja znieczulać zwłoki do pobrania narządów.

Właśnie. Oto kolejny argument Shewmona. Skoro to są zwłoki, po co je znieczulać?

Naprawdę chce pan to wiedzieć? Otóż dlatego, że przecinanie, preparowanie tkanek i nerwów przy pobieraniu serca czy wątroby od dawcy może wyzwolić odruchowe reakcje, na przykład wyrzut adrenaliny (choć dzieje się to już bez udziału mózgu). Na pewno nie dlatego, że zwłoki może coś boleć. W pniu mózgu są bowiem wszystkie drogi, którymi impulsy nerwowe szły wyżej, do kory, dzięki której człowiek uświadamia sobie ból. A teraz ta autostrada się zawaliła.

Ma pan pewność, że nie uda się jej odbudować?

Dziś na pewno nie. A w przyszłości? Nie mam pojęcia. Może będziemy umieli zastąpić komórki nerwowe zupełnie nowymi, uzyskanymi na przykład z komórek macierzystych? Może ktoś zrobi jakiś stymulator elektroniczny, który będzie włączał i wyłączał świadomość. Inny stymulator będzie drażnił nerw przeponowy i człowiek będzie oddychał.

Człowiek będzie umierał, gdy skończy mu się bateria w stymulatorze? I znów zmieni się definicja śmierci?

Może tak być. Człowiek, który dziś jest uznawany za zmarłego, będzie żył dalej. Wzrok zastąpi mu kamera, słuch implant, nie będzie czuł smaku, ale będzie żył.

Ale może nawet dziś nie są potrzebne wszystkie te cudowności? Mój znajomy chirurg skarży się na neurologa z jego szpitala. Gdy on jest w komisji, nigdy nie udaje się stwierdzić śmierci mózgu. On zawsze ma wątpliwości. Stosowanie definicji śmierci mózgowej może więc skończyć się tym, że to, czy umrę, zależy od tego, na czyj dyżur trafię.

Może tak być, nawet kiedy pan trafi na dyżur ze złamanym palcem. Ale tak nie powinno być. To są ułomności ludzkiej natury. Przecież ten neurolog ma rozporządzenie ministra zdrowia, a w nim jasno określone, bardzo wymagające standardy i powinien ich się trzymać. Wynik testu to wynik testu, tu nie ma miejsca na konserwatyzm, liberalizm czy, nie daj Boże, głosowanie.

Czy nie prościej byłoby poczekać, gdy stanie serce i nikt nie będzie miał wątpliwości? Po co to dłubanie w rzeczach ostatecznych?

Odpowiedź jest prosta: bo ludzkość okazała się zbyt mądra – wynalazła transplantacje i respirator. Niech pan podzieli się swoimi wątpliwościami z tymi pacjentami, którzy dzisiaj umrą, bo nie doczekali się serca czy nerki do przeszczepu. Hodowanie wątroby czy nerek z komórek macierzystych to przecież póki co pieśń przyszłości.

Niech pan porozmawia z tymi, których szanse na przeżycie spadną, bo jedyny szpitalny respirator będzie zajęty napowietrzaniem zwłok. A pan podpisałby dziś deklarację dawcy narządów?

Bez cienia wątpliwości.

Nie bałby się pan, że może trafić na dyżur kogoś, kto będzie przeciwieństwem wspomnianego neurologa, kogoś, kto śmierć mózgu stwierdza zawsze i wszędzie?

Przecież on nie byłby sam, należałby do trzyosobowego zespołu. Byłyby testy i pewność, że najmniejsze pozytywne odchylenie w wyniku wstrzymuje dalszą procedurę. Zresztą, ja i tak przyglądałbym się temu wszystkiemu już gdzieś z boku. Być może lekko chichocząc.

DO GRANIC MOŻLIWOŚCI

[Krystyna Czerni i Roman Graczyk]

Państwo Graczykowie przygotowali się do tej rozmowy. Pyszna herbata, genialny placek ze śliwkami, piękny widok z okna na zakole Wisły i klasztor tynieckich benedyktynów. I pytania, które sami sobie zadawali, a które na głos padły chyba po raz pierwszy. Na początku dużo gadałem, popisywałem się medyczną wiedzą, Po kwadransie starczyło mi rozumu, by zamilknąć. Później już tylko słuchałem, byłem świadkiem dramatycznej rozmowy rodziców ciężko chorego dziecka. Pani Krystyna odwoziła mnie do Krakowa. Padło pytanie o rolę tych, którzy na cierpienie patrzą – przyjaciół, rodziny, obcych. I prośba, żeby się nie mądrzyli. Żeby byli.

Lekarze w szpitalu, do którego trafił państwa syn, mówili ponoć: rodzice go zamęczyli. Ojciec zatrenował dziecko.

K.C.: Podobno. Nie wiem, jak można mówić tak niesprawiedliwe, nieprawdziwe rzeczy. Tak cynicznie przykrywać nimi własne błędy. Romek z Krzysiem dużo biegali dla przyjemności. Ile razy zdarzało się, że biegali na Błoniach i zaczepiali ich trenerzy, proponując szkołę sportową, profesjonalną ścieżkę dla Krzysia? Mieli to przegadane: nie idziemy w sport wyczynowy. Krzyś był zapatrzony w Romka, bardzo mu imponowało, że mąż na stare lata przebiegł parę maratonów. Los uderzył okrutnie – w fantastyczną sportową więź między ojcem i synem. Lekarze uspokajali nas, że przyczyną udaru była wada tętnicy szyjnej, że jeśli nie strzeliłoby mu wtedy, strzeliłoby za miesiąc we śnie lub za rok podczas oglądania telewizji…

R.G.: Ten bieg to nie był nie wiadomo jaki wyczyn. Trening Krzysia był konsultowany z fizjologiem, kilka tygodni wcześniej przebiegliśmy razem półmaraton, dwadzieścia jeden kilometrów. I przyszło nam do głowy, że pojedziemy na Bieg Sylwestrowy. Niezły odlot, ludzie się malują, szykują na wieczorne bale, a my dziesięć kilometrów po śniegu i asfalcie. Krzyś założył sobie, że chce poprawić rekord życiowy. Przybiegłem na metę dziesięć minut po nim. Zobaczyłem go, jak siedział na ławeczce, dziwnie się do mnie uśmiechał. Obok harcerka ze służby medycznej, pomyślałem: wpadła mu w oko. A on tracił kontakt z rzeczywistością. Przyjechało pogotowie, wtedy miał już niedowład, przestał mówić. W szpitalu tomograf, ale lekarze nie potrafili zinterpretować obrazu. Sylwester, w szpitalu nie ma neurologa. Gdyby ci, co tam byli, poprosili o pomoc mądrzejszych od siebie, mój syn, być może, wyszedłby stamtąd po tygodniu. A tak – zaczął się horror. Dziesięć dni później przyszedł drugi udar. Zgłaszaliśmy lekarzom, że Krzyś wygląda i czuje się gorzej, oni powtarzali, że stan chorego faluje, że może jest niekorzystny biomet. W sobotę w nocy przyszło załamanie, w niedzielę kazali szykować się na najgorsze. Przy łóżku syna dyskretnie zaczęli zjawiać się znajomi, chcieli się pożegnać z Krzysiem. Przyszedł ksiądz z ostatnim namaszczeniem. Wydawało się, że będziemy z synem jeszcze godzinę, może dwie, to wszystko.

K.C.: W naszej rodzinie nigdy nikt nie chorował. Ze szpitalem, całą tą infrastrukturą cierpienia stykaliśmy się po raz pierwszy. I byliśmy wobec niej bezbronni jak dzieci. Próbowaliśmy jakoś zracjonalizować naszą rozpacz, zaczęliśmy rozmawiać o zgodzie na transplantację organów. Romek nalegał: tylko nie mów tego lekarzom, bo zupełnie przestaną go ratować.

R.G.: Jeśli wyrzucam dziś coś sobie, to nie to, że biegałem wtedy z Krzysiem, ale to, że pomyślałem: mój syn jest w świetnym dziecięcym szpitalu, co tu po mnie? Chciałem odwieźć córkę na obóz zimowy, wrócić po kilku godzinach, a ciebie zostawić przy Krzysiu. A przecież w tych godzinach wszystko się decydowało. Zrobiłem gigantyczny błąd, zaufałem lekarzom. Nie znałem się na neurologii. Tylko – na Boga! – kto z rodziców się na tym zna?

K.C.: Nie tylko ty tak wtedy czułeś, ja też powtarzałam sobie: przecież oszaleję, jeśli nie będę im ufać. Doskonale pamiętam moment, w którym dotarło do nas, że Krzyś odchodzi. Całe szczęście, że Romek skontaktował się ze swoją siostrą, pediatrą. Przyjaciele znaleźli dojście do krajowego konsultanta neurochirurgii, profesora Tomasza Trojanowskiego z Lublina. Pojechała do niego cała delegacja, my zostaliśmy przy umierającym dziecku. W końcu wydarliśmy szpitalowi wyniki Krzysia, zawiesiliśmy je na serwerze, żeby mógł je obejrzeć profesor Trojanowski. Dotąd słyszeliśmy mantrę: neurochirurgia nie ma tu nic do zrobienia, a profesor stwierdził krótko: trzeba zrobić to i to. Lekarze w Krakowie patrzyli na nas jak na morderców, powtarzali: dziewięćdziesiąt dziewięć procent ryzyka. Zapytałam: ile procent szans będzie miał Krzyś, jeśli operacji nie będzie? Rozłożyli ręce. Przeżegnałam się i podpisaliśmy zgodę. Twarda lekcja, ale dziś wiem – odpowiedzialności za moje dziecko nie mogę zrzucić na nikogo.

R.G.: To był cud. Krzyś przeżył. Za kilka dni miał się wybudzić ze śpiączki.

K.C.: Ale w nas było już wtedy kolejne pytanie: kto tak naprawdę się obudzi? Udary robią w świadomości człowieka wielkie spustoszenie. Czy to będzie Krzyś, którego wychowaliśmy, którego znamy? Prokocim, Lublin, Warszawa, napatrzyliśmy się w tych szpitalach na ludzkie nieszczęście. To uczy pokory. Doskonale pamiętam jak wygląda „grupa wsparcia" rodziców, którzy stoją pod drzwiami OIOM-u, gdzie o życie walczą ich dzieci. Mamy kontakt z rodzicami Grzesia, chłopca po operacji guza mózgu, który dotąd się nie wybudził. Bywa przytomny, ale nie pokazuje, że jest świadomy. Jego ojciec powiedział nam kiedyś: państwa szczęście nie ma granic. Powtarzam to sobie, trzeba powtarzać sobie takie zdania. Tyle że one nie zawsze pomagają.

W jakim stanie jest dziś Krzyś?

R.G.: Dwa tygodnie temu przejechaliśmy na rowerze dwieście kilometrów w dwa dni. Ale na co dzień jest inaczej: Krzyś porusza się trochę jak człowiek po chorobie Heine-Medina, ma duży niedowład prawej ręki. Najtrudniejsza jest jednak walka ze skutkami afazji. W pierwszej fazie w ogóle nie mieliśmy z Krzysiem kontaktu, teraz jest kłopot z rozumieniem bardziej złożonych konstrukcji, z wypowiedzeniem trudniejszego zdania. Afazja nie pozwala skomunikować się ze światem, to knebel na ekspresji człowieka. W połowie mózgu Krzysia zostały po udarze ruiny – próbujemy budować na nich. Ogląda filmy, które zna sprzed choroby, matematyka w szkole idzie mu lepiej niż składanie liter, pewnie dlatego, że przed udarem był znacznie lepszy z matmy. Szukamy matryc słownych, bo on myśli skojarzeniami: siedemnasta to „jeden – siedem", a poza tym to jest „Teleexpress", kolor czerwony to pomidor, a żółty to słońce. Czytając, składa litery w sylaby, ale nie potrafi ich złożyć w słowo – chyba, że to jest słowo „mama". „Ola", „tata", czy nawet „Lepper", bo są słowa, które pamięta jako znak graficzny, na tym polega u afatyków tzw. czytanie globalne. Są pewne postępy w mówieniu. Ponoć w czytaniu też się nieco poprawia, ale gdzieś od pół roku nie jest w stanie sforsować muru pomiędzy czytaniem sylab a czytaniem całych wyrazów.

Słyszę zawód w pana głosie.

R.G.: To nie zawód, to jest cholerny ból. Bo to mój syn, a ja patrzę, jak świat mu ucieka. Pytam Krzysia, co było dzisiaj w szkole. Zaczyna odpowiadać, ale za chwilę potyka się, cofa, przestaje mówić. Jak człowiek, który uczy się języka obcego, choć wybitnie nie ma do tego talentu. To jakby ktoś wbił panu nóż w serce, krew zalewa człowieka nie z wściekłości, a z bezsilności. Krzyś jest teraz jak Syzyf. Już już dochodzi do szczytu góry i nagle – bach. Z powrotem. Jak skoczek, który skoczył dwa metry trzydzieści dwa centymetry i od pół roku nie może przeskoczyć poprzeczki o centymetr wyżej.

K.C.: To jest dla nas teraz najważniejsze pytanie – gdzie jest granica między podkręcaniem w sobie woli walki o jeszcze jedną literę, jeszcze jedno zdanie, a powiedzeniem: synku, widzimy, że potwornie cię ta rehabilitacja męczy, kochamy cię takim, jakim jesteś.

Państwo też są zmęczeni.

K.C.: Zna pan film *Klucze do domu* o przyjaźni ojca z niepełnosprawnym synem? Tam pada ważne zdanie: choroba w pewien sposób chroni dziecko, a najboleśniej dotyka tych, którzy chcą mu towarzyszyć. Wiem też jednak, ile Krzyś nas nauczył. Kiedy patrzę, z jakim samozaparciem walczy z kalectwem, myślę, że to jest jego droga do świętości. Po prostu. My tylko staramy się za nim nadążać. Pewnie nie zawsze to wychodzi najlepiej. A to co najtrudniejsze, to nawet nie zmęczenie czy świadomość, że nawet najlepsi przyjaciele nie mogą bez końca trwać z nami przy Krzysiu, że czas wielkich aukcji i akcji minął, a nam powoli kończą się pieniądze. Najtrudniejszy jest lęk o przyszłość, ta wielka niewiadoma. Bo po tych trzech latach znów znaleźliśmy się na granicy świata. To już nie jest czas ratowania życia Krzysia, odruchów, prostych wyborów. Teraz eksperymentujemy na żywym ciele pacjenta. Zna pan taką modlitwę? Boże, daj mi siłę, abym zmieniał rzeczy, które zmieniać można i trzeba, daj pokorę, bym się pogodził z rzeczami, których zmienić się nie da, i daj mi mądrość, abym potrafił odróżnić jedne od drugich. Nam dziś najbardziej brakuje właśnie tej mądrości. Gdzie jest granica? Tego nikt nie wie. Mózg jest mechanizmem bardzo tajemniczym.

R.G.: Lekarze od początku mówili nam, że będzie ciężko, a my powtarzaliśmy: gramy o pełną pulę. Gdy wieźliśmy Krzysia do szpitala do Warszawy, umiał się zaledwie przewrócić z boku na bok. Po pół roku wstał z wózka. Po roku stanął na nartach, wsiadł na rower. Dziś boję się, że czas cudów się powoli kończy. Dopiero teraz Krzyś zaczął nam się przyznawać, ilu rzeczy nie rozumie, widzimy, jak wielki jest świat, z którym on nie ma kontaktu.

K.C.: Pan Bóg jest miłosierny i dawkuje nam tę wiedzę powoli. Gdybyśmy na początku wiedzieli, jak to będzie wyglądać, ile może trwać, pewnie byśmy się kompletnie załamali. Ale właśnie wtedy, na początku, mąż wpadł na genialny pomysł – rehabilitacja przez rower. Zaczęli od tandemu, kiedy Krzyś ledwo chodził. Niektórzy pukali się w głowę, a mąż się zawziął, nie odpuścił. To była rehabilitacja przez coś, co Krzyś kocha – sport. W sierpniu tego roku objechali Tatry w trzy dni – trzysta kilometrów! Gdyby pan widział szczęście w oczach Krzysia, kiedy wjeżdża na Velicke Pleso! To prawie 1700 metrów nad poziomem morza. Niejeden zdrowy nie dałby rady.

R.G.: Cały czas powtarzaliśmy mu, że wyjdziemy z tego, tylko trzeba walczyć. I on sam prosił o tę bolesną rehabilitację, jeszcze godzinę, jeszcze osiem, jeszcze dziesięć. Kilka tygodni po udarze Krzyś oprzytomniał na tyle, że zrozumiał, że jest kaleką. Wpadł w czarną rozpacz.

K.C.: To był najtrudniejszy moment. Patrzyliśmy bezradnie na rozpacz zamurowanego żywcem człowieka, który nie może nawet nazwać tego, co czuje. Podnosił sprawną rękę, wygrażał niebu i przeraźliwie krzyczał głosem, którego nigdy nie zapomnę: Jezu, Jezu! Pierwsze słowo, które wypowiedział. I nasza pierwsza nadzieja.

R.G.: Przypomniałem mu wtedy, jak kilka lat wcześniej zaskoczyła nas zima, gdy szliśmy na narty na Stare Wierchy, jak prawie tam utknęliśmy, bo brnęliśmy w śniegu na półtora, dwa metry. Zrobiła się noc. Powiedziałem mu wtedy, gdy tak rozpaczał: Krzysiu, pamiętasz, jak na Starych Wierchach prawie było po nas, ale zawzięliśmy się i jakoś żeśmy wyszli. To teraz zrobimy to samo. Zaciskamy zęby i „rura", nie? Teraz postępy są znacznie wolniejsze, a bywają i momenty regresu. Mieliśmy w tym roku jechać do Norwegii na rowery. Zaplanowaliśmy trasę na dwa tysiące kilometrów. W maju Krzyś miał poważny kryzys, odpuściliśmy to. Metodą treningu modulowanego doszliśmy znowu do formy, zrobiliśmy wycieczkę wokół Tatr. Ale w Krzysiu już coś pękło. Gdybym rok temu powiedział mu, że może jednak spróbujemy podbić tę Norwegię, zacząłby się śmiać i mówić: „*OK, fight!*", dziś tylko się skrzywił. Boję się podnosić mu poprzeczkę, porażki są coraz bardziej dotkliwe.

K.C.: Góra, która stoi przed nami, jest dziś na tyle stroma, że zastanawiamy się, czy to już nie jest ściana. Nie mamy odwagi tego powiedzieć na głos, choć w głębi duszy boimy się, że to już może niedaleko. Strasznie bym chciała wiedzieć, czego od nas oczekuje Pan Bóg. Na przykład: „Państwu już dziękujemy, próbujcie żyć z tym, co macie". Człowiek miałby jasność, inaczej układałby sobie wszystko w głowie. Nie zadręczałby siebie i dziecka. Byłaby rzecz jasna rehabilitacja, ale walczylibyśmy o to, by się nie cofnął, a nie o to, żeby nie wiadomo co osiągnął. Gdy Krzyś ma gorsze chwile, zadaje już takie pytania: Ile jeszcze?! No ile jeszcze?! Dziesięć lat?! Piętnaście?! Nie wiemy, co odpowiedzieć.

Nie mają już państwo planu?

K.C.: Mamy marzenia. Bardzo chciałam, żeby na naszą dwudziestą piątą rocznicę ślubu w tym roku Krzyś przeczytał nam na mszy czytanie. (Pięć lat temu, na 20-lecie, pięknie zaśpiewał „Alleluja".) No, ale nie przeczytał. Może za pięć lat? Na trzydziestolecie?

R.G.: Marzę o tym, żeby Krzyś do końca liceum, przez następne dwa lata, zaczął czytać. Żeby był człowiekiem piśmiennym, brał udział w życiu społecznym. Żeby nie szedł w stronę alienacji, samotności. Teraz jest w trudnym momencie, bo jego rówieśnicy pognali do przodu. On nadal ogląda kreskówki, bawi się z pasją świetlnym mieczem, który nasza córka przywiozła mu z Londynu. Szkoła w jego wypadku wygląda przecież symbolicznie. Nie dlatego, że jest głupi, tylko brakuje mu narzędzia komunikacji ze światem. Ale będziemy walczyć, musi być jakiś wytrych do tego mózgu. Ostatnio czytaliśmy o nowej amerykańskiej metodzie stymulacji uszkodzonego mózgu. Jeśli to rzeczywiście działa, wyślemy Krzysia do USA albo sprowadzimy tę maszynę tutaj.

Ludzie, których boli teraźniejszość, często szukają ukojenia w doniesieniach o nowych, cudownych terapiach.

R.G.: Zgoda, ale komu to przeszkadza? Zapytałem lekarza, czy jest możliwość wymiany fragmentu mózgu. Nie, tego się nie da zrobić. A ja wierzę, że za dziesięć lat albo za dwadzieścia... Czas poszukać nowych źródeł energii. Kończy się ropa, więc może uczeni wymyślą silnik, który działa na wodę.

Nigdy nie pogodzą się państwo z tą chorobą.

K.C.: Jeszcze w Krakowie przychodzili do nas do szpitala przyjaciele, kochani ludzie, bardzo religijni. Delikatnie mówili, że może jednak trzeba zgodzić się na słabość. Odpowiedziałam im, że słabość to takie mądre, bezpieczne słowo, którego używa obserwator. Słabość przeżywana w pierwszej osobie to jest po prostu cierpienie, ból rozrywający kogoś, kogo kochasz. Nigdy nie zgodzę się na cierpienie mojego dziecka! Pamiętam, jak w szpitalu w Warszawie dopytywałam lekarza, czego mamy unikać, jak Krzyś się już wyrehabilituje. Popatrzył z politowaniem: „Proszę pani, pani syn nigdy się nie wyrehabilituje. On może dojść do pewnej samodzielności, ale nigdy nie zdobędzie zawodu, nie wróci do szkoły, mowy o tym nie ma". Precyzyjnie nazwał moje lęki. Nie mogłam po tym dojść do siebie, spowodowałam nawet wtedy wypadek, chwilę później mnie okradli. W końcu i ja nazwałam rzeczy po imieniu. Po pierwsze, powiedziałam sobie: modlimy się o cud. I ten cud się stał, bo naprawdę Krzyś miał nie żyć. Po drugie, można być szczęśliwym i bez matury. A nasz syn – jak na to, co mu się przytrafiło – osiągnął już rzeczy niewyobrażalne! Więc tamten lekarz nie miał racji! Krzyś rozsadza wszystkie statystyki. W tym cała nasza nadzieja. Wciąż jest w nas jakaś zuchwałość. Mój mąż zawsze powtarzał: nigdy nie pogodzę się z chorobą Krzysia. To było napędem całego pomysłu na rehabilitację Krzysia. Teraz czasami myślę, że z jakąś formą tej choroby trzeba się zacząć godzić. Mija trzeci rok... Przestraszyłam się tego, co teraz powiedziałam.

R.G.: Ja bym tak nie powiedział. Ja nigdy się z tym nie pogodzę. Do grobowej deski, nigdy. Wiem, że pan mi zaraz zarzuci, że nie chodzę po ziemi. Ale ja świadomie się na to decyduję, jestem jak wojenny emigrant w Londynie, który w latach sześćdziesiątych nadal nie godzi się z utratą Wilna czy Lwowa. Głupie? A może o tyle mądre, że dzięki takiej postawie Polska jakoś przetrwała w duszy narodu, już bez tych ziem, ale w sumie coś dobrego z tego było. W wymiarze pragmatycznym – zgoda. Krzyś jest inny niż koledzy, nie zrobi doktoratu. Ale z drugiej strony – ja wciąż wierzę, że musimy grać na maksa. Nie wiem, co Pan Bóg zamierza. A może to on nam podsunął ten artykuł o cudownej amerykańskiej maszynie? Błagam, niech mi pan za szybko nie mówi, że uciekam, że chcę się karmić utopią. Ja znam swoją stawkę, o którą gramy.

Nie ma maszyny, która uchroni Krzysia przed samotnością.

R.G.: Jasne, że nie ma. To widać już dzisiaj. Owszem, jest otoczony kumplami, ale nie buduje z nimi głębszych relacji. My dyskretnie animujemy różne sytuacje, a to ognisko, a to spotkanie klubu sportowego. Tyle że my już nie możemy organizować mu całego życia. Kiedy jedzie do szkoły, musi z niej wrócić sam. Czasem pomyli busy, wysiądzie dwie czy trzy wsie dalej. Z kumplami jest podobnie – dochodzimy do pewnej granicy. To są wszystko fajni chłopcy, chcą pomóc. Gdyby Krzyś się dotkliwie połamał, byłoby łatwo: minie ileś tam miesięcy i będzie po sprawie. Tu jest inaczej i ta sytuacja ich przerasta.

Nie ma przyjaźni. Jest piękna, ale jednak tylko dobroczynność.

K.C.: Strasznie bym chciała, żeby Krzyś znalazł sobie jakąś niszę, przestrzeń jakiegoś funkcjonowania. Przez pewien czas myśleliśmy, że może ogród, ale chyba to nie jest dobre myślenie. On na pewno mógłby służyć jako przykład w rehabilitacji, ale do tego musiałby lepiej mówić.

R.G.: W tej chwili nic sensownego tu się nie rysuje. Jak człowiek boi się dalekiej perspektywy, planuje na miesiąc. Dzieli historię na kawałki, żeby móc ją ogarnąć. Żeby się poczuć bezpiecznie. Więc ja tworzę sobie takie pomysły na krótką metę. Pierwszy – ćwiczenie na rowerze stacjonarnym, by zmniejszyć u Krzysia tak zwane przodostopie. Drugi jest taki, żeby zacząć pływać na plecach – żabką już pływa, jak się nauczy grzbietem, co wydaje się relatywnie łatwe, może uda się przejść do kraula. I trzeci pomysł: trening narciarski przygotowujący do techniki carvingowej, czyli równomierne obciążanie krawędzi obu nart. Po pół roku zrobię przegląd sytuacji i znowu coś zaplanuję.

A jeśli Krzyś powie: dość?

K.C.: Już to słyszeliśmy. Uznaliśmy to zresztą za sukces – w końcu „nie” to też ekspresja osobowości. Daliśmy mu czas na bunt. Wytrzymał bez rehabilitacji tydzień. Następnym razem może potrwa to dłużej. Dawniej Krzyś strasznie mocno wierzył, że ilość przejdzie w końcu w jakość. Gdy mu coś źle poszło w szkole, doznał upokorzenia, przychodził i mówił: nie, to jest bez sensu. Usiądę i pięć godzin dziennie będę się uczył czytać i pisać. Do szkoły wrócę dopiero wtedy, gdy się nauczę. Tylko że nie da się tak zrobić. Mózg potrzebuje swojego czasu, żeby te puzzle z powrotem poukładać. I on to robi, ma fantastycznych terapeutów. Tylko że czasem po dziesięciu minutach już ziewa i ma dość, bo mózg nie pozwala. Sam też już widzi, że to musi potrwać.

R.G.: On czasem pyta: tato, dlaczego nie biegasz? Mówię: biegaliśmy razem, to teraz razem nie biegamy. Uśmiecha się i mówi: e tam, świrujesz. Biegaj sam, bo ja już nie będę biegał. A może dopiero za dwadzieścia lat.

Co mu pan odpowiada?

R.G.: Że na niego poczekam.

PAMIĘTA PAN HIOBA?

[Kazimierz Szałata]

Uniwersytet Kardynała Stefana Wyszyńskiego na warszawskich Bielanach, jasno oświetlony pokój profesorski. Doktor Szałata mówi, przyciszonym, stonowanym głosem, powoli, metodycznie snuje opowieść. Kiedy rok wcześniej po raz pierwszy opowiedział mi swoją historię w Radiu Vox – realizator, inni goście, wydawca – zamarliśmy w studiu wszyscy. Złamałem wszystkie reguły rządzące antenowym czasem, pozwoliłem mówić „do oporu". Tym razem zastanawiałem się, ile ran trzeba w sobie zamknąć, by umieć opowiedzieć, co czuje się, patrząc bezradnie na umierające dziecko. Miałem wrażenie, że sam doktor Szałata chowa się czasem za słowami swojej opowieści. Dałem mu do tego prawo.

Media doniosły o kilku przypadkach chorych dzieci, których leczenie wywołało etyczne dylematy. Najpierw sprawa dziewięcioletniej Ashley, której mózg zatrzymał się w rozwoju na etapie niemowlęctwa. W szpitalu w Seattle za pomocą uderzeniowych dawek hormonów i amputacji macicy powstrzymano także jej rozwój fizyczny, tłumacząc to troską o dobro dziewczynki – jeśli pozostanie mała, będzie się nią łatwiej opiekować. Kilka dni temu świat poznał historię Tima, niemieckiego czternastolatka, którego też za pomocą terapii hormonalnej, zgodnie z prezentowaną przezeń świadomością, zamieniono w kobietę. W obu przypadkach ostateczną decyzję o terapii podejmowali rodzice. Czy mieli do tego prawo?

Nie mieli. Kiedy usłyszałem, że w przypadku Ashley chodziło o to, by mogła do końca bawić się na placu zabaw i żeby łatwiej było ją przenosić, po prostu mnie zatkało. Nie będę oskarżał rodziców – ludzie w skrajnie trudnej sytuacji miewają najdziwniejsze pomysły. Nie mogę zrozumieć, skąd wzięli się lekarze, którzy wprowadzili je w życie. To samo dotyczy niemieckiego czternastolatka. Najwyraźniej to też był pomysł rodziców, a dziecko potraktowali jak swoją własność. Obie historie są jak wydumane przykłady przytaczane na seminarium z etyki dla studentów medycyny.

Lekarze mówią, że po prostu chcieli pomóc i troszczyli się o jakość życia Ashley.

Tyle że zaślepieni tą troską, sprzeniewierzyli się swojemu powołaniu. Misją lekarza jest poprawiać funkcjonowanie organizmu. A to, co zrobiono w Seattle, nie było terapią, ale manipulacją. Wycięto zdrowe organy nie dla ratowania życia, ale dla osiągnięcia mglistego celu w odległej przyszłości. Najbardziej uderza mnie jednak, że mówi pan o tej sprawie jako o dylemacie. Zakręceni w spirali „humanistycznych" argumentów zgubiliśmy zdrowy rozsądek, który podpowiada, że wycinanie dziewczynce zdrowej macicy, hamowanie jej wzrostu, żeby mieściła się w wózku i nie padła ofiarą seksualnej przemocy, to próba uniknięcia jednego gwałtu za pomocą innego.

Nie jest pan zbyt surowy? Lekarze są w stanie przewidzieć męki, w jakich będzie żyła dziewczynka. To ludzki gest: wiemy, że dziecko, idąc tą drogą, spotka jeszcze większe cierpienie, zatem spróbujmy je zatrzymać.

Ingerując w rozwój zdrowych organów? To straszna odpowiedzialność. A jeśli za dziesięć lat, gdy oni na emeryturze będą zmagać się z demencją, ktoś wynajdzie terapię, która pomoże Ashley? Nie jesteśmy wróżkami. Nikt nie dał nam władzy nad życiem bliźniego, nawet własnych dzieci. Czy nie przeraża pana ta druga, ciemniejsza strona tych naszych „humanistycznych" rozważań, naszej troski?

Oto los słabego, nieświadomego dziecka zależy od uczuć, jakie we mnie budzi. Jeśli budzi litość, wytnę mu macicę lub odłączę od aparatury. Niech się tak nie męczy. Ono? A może chodzi o to, żebym ja się już nie męczył w jego obecności? To nie jest wina konkretnych lekarzy czy rodziców, to kwestia społecznego wychowania. Cała dzisiejsza cywilizacja nie jest w stanie usiąść przy łóżku cierpiącego człowieka. Cierpienie nas peszy i przeraża. Zamiast spędzać z ojcem jego ostatnie chwile, uciekamy na szpitalny korytarz i dzwonimy do kolejnych lekarzy, znów myśląc przede wszystkim o sobie, żebyśmy „mieli pewność, że zrobiliśmy wszystko, co można". Nie umiemy po prostu być – wziąć za rękę, pomilczeć. Musimy koniecznie coś z cierpiącym zrobić. Gdzieś go wysłać, coś mu wyciąć, w ostateczności – podać barbiturany i wysłać na tamten świat.

Panu jest łatwo teoretyzować. Co ma zrobić człowiek, którego cierpienie jest nieznośne?

A pan naprawdę sądzi, że jedyne, co może zrobić, to się zabić? Przecież nawet cierpiący człowiek ma instynkt, chce żyć. Gdy jest słaby, potrzebuje nie trucizny, ale środowiska, które zamiast uciekać od cierpienia, pokaże, jak z nim żyć. Mój przyjaciel, Nicolas Buttet, szwajcarski naukowiec i polityk, sekretarz kardynała Rogera Etchegaraya, który po wizycie w umieralniach Matki Teresy w Kalkucie sprzedał wszystko i został pustelnikiem, opowiadał mi kiedyś o zauważonym paradoksie. W Szwajcarii działają jedne z najlepszych na świecie domów opieki. Przyjeżdżają tu najbogatsi Europejczycy, Amerykanie,

Australijczycy. Ponad połowa pensjonariuszy tych pałaców spokojnej starości nie umiera jednak śmiercią naturalną – popełniają samobójstwa. Z drugiej strony globu, w domach Matki Teresy w Kalkucie, żyją ludzie bez jedzenia, lekarstw, odzieży i nikt nie odbiera sobie życia. I tu tkwi chyba podstawowy problem – dla cywilizacji zachodniej życie nie jest już wartością samą w sobie. Jest nią tylko wtedy, gdy jego obraz nie odbiega od wizji propagowanej przez współczesną kulturę.

Rozmawiałem kiedyś z dwudziestoparoletnim chłopakiem z Warszawy, inteligentnym, przystojnym, dowcipnym, który kilka razy próbował się zabić, bo niespodziewanie stracił włosy i czuł presję oraz pełne litości spojrzenia rówieśników. Ale pamiętam też inną sytuację. Od dawna pracuję na rzecz trędowatych i kilka lat temu w Niamey, stolicy Nigru w Afryce Zachodniej, uczestniczyłem w ich święcie. Po uroczystościach na środku areny zauważyłem coś, co mnie przeraziło. Nie wiem, jak się ten człowiek poruszał, nie miał rąk ani nóg – jakieś kikuty, po prostu pełzał po piasku, wzbudzając tumany kurzu. Twarz też miał potwornie zdeformowaną, ale uśmiechniętą. Powiedział mi tylko jedno: piętnaście lat temu został wyleczony z trądu i żyje. Proszę sobie wyobrazić, co by było, gdyby ten człowiek trafił do Europy, gdyby trafiły tu tysiące chorych na nową odmianę trądu du Burulli, która praktycznie pozbawia człowieka skóry – odpadają kończyny, narządy wewnętrzne są na wierzchu.

Trąd zawsze budził odrazę, wstręt, chęć ucieczki.

Tyle że kiedyś od trędowatych uciekano, a dziś poszlibyśmy pewnie o krok dalej i spróbowali ich usunąć. Już słyszę propozycje, żeby skrócić cierpienia tych nieszczęśników, że to nieludzkie, nieestetyczne itd. A ja pytam – co jest nieludzkie?

Jan Paweł II powtarzał, że przyszłością świata jest Afryka. Kiedy tego słuchałem, myślałem, że to taka podlana ekstrawagancją kurtuazja wobec biednego kontynentu. Odkąd zacząłem tam jeździć, dostrzegam, że Papież miał rację. Łysy chłopak z Polski chce skończyć życie, bo nie jest w stanie sprostać jakiejś wydumanej przez siebie wizji. Nieporównanie bardziej poraniony człowiek z Niamey żyje w realnym świecie, ma realne problemy, nie rozpacza, że nie jest Tomem Cruise'em. W Europie wali się oświeceniowa wizja świata i człowieka, a nowej wciąż nie widać i błądzimy jak dzieci we mgle.

A ludzie w Afryce są wolni od tych oświeceniowych i postoświeceniowych schematów. Oni mają kompas, który my zgubiliśmy – naturę. Zamiast zmagać się z pytaniami, czy życie to proces biologiczny czy psychiczny, szukają smaku tego życia. Na drugiej półkuli nadal funkcjonują pojęcia takie jak tajemnica, u nas zamieniona na niewiedzę, powołanie – tu przekształcone w karierę, czy szczęście – przerobione przez nas na sukces. I dlatego mniej jest tam pomyłek w ocenie wartości własnego życia. Nie ma szwajcarskich klinik, gdzie chory człowiek, otoczony niemą litością bliskich, przy relaksacyjnej muzyce może wypić śmiertelny koktajl z leków przeciwbólowych i usypiających.

Pięknie powiedziane, ale wyobraźmy sobie tego śmiertelnie chorego człowieka z biletem do Szwajcarii w ręku, który w ostatnim odruchu zwrócił się do pana. Miałby pan dla niego jakieś argumenty?

Z cierpiącymi trzeba rozmawiać językiem znanym tylko tym, którzy przeszli przez cierpienie. Wie pan, kiedy umarła moja córka, a moja żona leżała w szpitalu, miałem wokół siebie wielu pocieszaczy, tłumaczy, mędrców przekonanych, że skoro wpiszą cierpienie w jakiś łańcuch przyczyn i skutków, przestanie być ono groźne, że jeśli coś zrozumiem – przestanę czuć ból. To bzdury. Najwięcej zrobili dla mnie ci, którzy nic nie mówili, po prostu przyszli i siedzieli. To ja robiłem im herbatę, pytałem, czy czegoś im nie trzeba. Wbrew dzwoniącym do mnie wtedy psychologom, którzy proponowali, że wyprowadzą mnie z poczucia żałoby, cierpienie ma i musi mieć swoje miejsce w naszym życiu. Nie można go zepchnąć do przytułków i instytucji. Nie można go rozstrzeliwać argumentami, topić w lukrze, jak to robią niektórzy wybitni specjaliści, uczenie i pięknie mówiąc o cierpieniu. Ja sam wcześniej przez prawie dziesięć lat mówiłem o cierpieniu studentom Akademii Medycznej. Aż przyszedł rok 2001 i kolejna konferencja z okazji Światowego Dnia Chorych, poświęconego właśnie cierpieniu. Kilka miesięcy wcześniej umarł mój ojciec. Córka akurat wylądowała w szpitalu. Po ciężkiej operacji była w stanie śmierci klinicznej. Znalazłem się w samym jądrze cierpienia i nie byłem w stanie wydusić z siebie ani słowa na ten temat. Wyuczona elokwencja okazała się bezużyteczna.

Przy cierpiącym, który myśli o ucieczce od życia, po prostu by pan milczał?

Niekoniecznie. Ale może zamiast filozofować, opowiedziałbym mu właśnie o Ani? O mojej córce, od urodzenia chorej na rdzeniowy zanik mięśni i poruszającej się na wózku, która mając dziesięć lat, trafiła do szpitala z nierozpoznanym na czas zapaleniem płuc. Po kilku tygodniach nie miała już siły oddychać. Znajomi lekarze dzwonili, by uświadomić mi, że Ania ma znikome szanse na wyjście z choroby. Od dawna nie jadła, więc ktoś wpadł na pomysł, by podać jej przez sondę odrobinę marchwiowej zupki. Natychmiast otworzyła oczy. Tyle że kilka godzin później pojawił się straszny ból brzucha. Ania krzyczała, brzuch rósł w zastraszającym tempie. Diagnoza – niedrożność jelit. Znów rozdzwoniły się telefony: „Musisz wiedzieć, że Ania umrze. Niezbędna jest operacja, a Ania w tym stanie nie może być znieczulana". Około północy lekarze zdecydowali jednak, że lepiej, aby córka zmarła w narkozie niż z bólu. Pamiętam, jak siedzieliśmy z pielęgniarkami pod blokiem operacyjnym, odmawiając różaniec. I wymodliliśmy cud – Ania przeżyła.

Ale następnego dnia znów się skarżyła. Więcej: mówiła, że umiera z bólu. Ania ze względu na chorobę nie miała odpowiedzialnych za oddychanie mięśni śródżebrowych, oddychała więc brzuchem, a tak naprawdę – długą pooperacyjną raną. Biegałem do lekarzy, którzy zapewniali mnie, że Ani się tylko wydaje, że to niemożliwe, przecież dostaje silne leki. W końcu uspokoiła się, straciła przytomność. Po zweryfikowaniu karty okazało się, że od kilku godzin przez niedopatrzenie dyżurnej lekarki nie dostała żadnego leku przeciwbólowego... Po dwóch dniach moja córeczka obudziła się uśmiechnięta, pytając mnie, czy ja jestem naprawdę, bo ona jest przecież w niebie. Prosiła o lusterko, pytała, kim jest ta dziewczynka, bo ona sama przecież już umarła. Stałem przy tym łóżku i słuchałem – wstrząśnięty i przerażony. Lekarze tłumaczyli mi, że mózg Ani został uszkodzony wskutek szoku bólowego. I znów wieszczyli jej śmierć. Ale później nastąpiła błyskawiczna poprawa. Ania wyzdrowiała, wróciła do szkoły, została przewodniczącą klasy, zaczęła działać na rzecz niepełnosprawnych dzieci, zaczęliśmy współpracę z telewizyjnym „Ziarnem". Nie opowiadam tego, aby pana wzruszyć. Chcę tylko pokazać, że o życie trzeba walczyć do końca. Czy pan wie, ile razy w ciągu tych dni lekarze proponowali mnie i mojej żonie, by – jeśli pojawi się zagrożenie życia, „skorzystać z okazji" i nie reanimować Ani? Do dziś słyszę, jak jeden z anestezjologów krzyczy: „Czy pan wie, co to jest życie na wózku do starości?!". Tłumaczy, że nie umiem myśleć o dobru dziecka, że myślę tylko o sobie.

Co mu pan odpowiedział?

Nic. On i tak nic by nie zrozumiał. Nawet gdy Ania zdrowiała, on wciąż walczył z pokusą, żeby koniecznie coś z nią zrobić. Proponował na przykład przeciąć jej tchawicę i założyć rurkę albo sondę do żołądka. Pytałem go: po co, skoro Ania sama oddycha i sama je. „No i co z tego, że je, skoro zaraz na pewno przestanie" – odburkiwał. Zdecydowaliśmy z żoną, że natychmiast zabieramy dziecko do domu. Dzięki temu, że nie weszliśmy w tę obłędną spiralę rozważań, moja córka miała jeszcze kilka szczęśliwych lat życia.

Ani przez chwilę nie miał pan wątpliwości, nie walczył pan z pokusą, żeby dać dziecku odejść?

Nie. Wiedziałem, że nawet jeśli po ludzku nie mogę nic zrobić, muszę z nią po prostu być do końca. I byłem. Jak cała nasza rodzina. Nawet wtedy, gdy los związał nasze cierpienie w jeszcze większy supeł, gdy Ania, mając dwanaście lat, zginęła w wypadku. Wracała z mamą z wyprawy na żołędzie, na przejściu dla pieszych zaledwie kilkadziesiąt metrów od naszego domu w Zielonce uderzył w nie samochód. Anię razem z ciężkim akumulatorowym wózkiem inwalidzkim znaleziono ponad trzydzieści metrów od przejścia. Żona była w stanie krytycznym, straciła nogę. Ponieważ córka była przytomna i cały czas pytała o mamę, sanitariusz z karetki, która przyjechała po żonę, wbrew podstawowym zasadom ratownictwa wziął Anię na ręce i zawiózł ją do szpitala na kolanach. Tyle że w szpitalu w Wołominie nie było chirurgii naczyniowej, by ratować nogę żony, ani chirurgii dziecięcej, by ratować Anię. Wezwano śmigłowiec, który zawiózł córkę do wojskowego szpitala na Szaserów, ale tu nie zajęto się umierającym dzieckiem i odesłano karetką na Niekłańską. Do szpitala, do którego mogłaby dotrzeć w piętnaście minut, dotarła trzy godziny po wypadku. Zmarła w izbie przyjęć. Moja żona w tym czasie walczyła o życie. Przeszła jedenaście operacji.

Podobno na pogrzebie Ani odczytał pan list od żony, w którym wybaczyła sprawcy wypadku.

Tak. Sam też podczas mszy pogrzebowej powiedziałem, że wybaczam młodemu człowiekowi śmierć mojego dziecka. Lekarce, która zapomniała o lekach dla Ani, przyniosłem kiedyś obiad, bo wiedziałem, że w niedzielę nie ma posiłków dla lekarzy. Na opinię biegłych, którzy orzekli, że akcja ratunkowa po wypadku prowadzona była bez zastrzeżeń, patrzę z pogodnym politowaniem. Bo wie pan, cierpienie zawsze było i zawsze będzie, żebyśmy nie wiem ilu winnych ukarali, żebyśmy nie wiem ile wycięli organów, uśpili ludzi. To zdanie dla współczesnego Europejczyka brzmi jak herezja – zawsze będą pogrzeby.

Pana opowieść brzmi tak heroicznie, że trudno w nią uwierzyć. Nie wierzę, że pana nie bolało.

Jasne, że bolało. Strasznie bolało. Cierpienie jest nie do zniesienia w pojedynkę, ale jeśli tak jak ja ma się kochające dzieci, bliskich ludzi, oni budują mur, przez który myśl o dezercji nie jest w stanie przyjść człowiekowi do głowy. Oto sedno sprawy – od bólu nie ucieknę, ale gdy mnie dotknie, chcę mieć wokół siebie ludzi, którzy podadzą mi nie śmiertelny koktajl, ale zrobioną od serca herbatę. Nie wytną macicy i nie skrócą nóg, tylko zorganizują koncert, by kupić lepszy wózek czy wynająć dodatkową pielęgniarkę, zdecydują się na służbę do końca. Takich ludzi spotykałem i w szpitalu, gdy Ania była bliska śmierci, i gdy próbowaliśmy walczyć o jej życie po wypadku.

Przez chwilę chciałem porównać pana do Hioba...

On miał mniej szczęścia do przyjaciół niż ja. Pamięta pan, jak zachowywali się jego bliscy? Tysiące porad, ważkich myśli, receptur. To nie przyjaciele – to wypisz wymaluj współczesna komisja etyczna. Dziś jest na nie moda, bo to ma pomóc ludziom podejmować decyzje w sytuacjach takich jak te, które przywołał pan na początku rozmowy. Na przykładzie Francji, gdzie komisje etyczne działają na wszystkich szczeblach państwowej machiny, widać jednak, że zmieniają się one w kółka dyskusyjne, mogące zaproponować kilka mniej lub bardziej trafnych pomysłów na opisanie problemów moralnych. Nie spełniają jednak podstawowego zadania, jakie im postawiono. I nie mogą go spełnić. Bo najważniejsze decyzje dotyczące życia i śmierci podejmuje nie ludzkość, tylko człowiek. Zawsze będą filozofowie, którzy jak August Comte będą przekonywać, że człowiek jest Bogiem, oraz tacy, którzy jak Freud będą mówić, że człowiek to dom składający się z kanalizacji. Takie sprawy rozstrzyga się w sumieniu. A kiedy nie wiadomo, jak się zachować, trzeba się zachować najprościej, czyli dobrze...

Wie pan, cały czas zastanawiam się nad pana pytaniem: co powiedziałbym człowiekowi, który zdecydował, że ma dość takiego życia i dezerteruje, co powiedziałbym rodzicom Ashley? Może to, że przekonałem się, iż życie jest przede wszystkim darem? Jeśli podaruje mi pan ten długopis, ja przecież nie będę mógł zrobić z nim, co zechcę. Bo w dar wpisana jest miłość. Nie mogę go tak na pana oczach zniszczyć, wyrzucić, sprzedać. Nawet ten głupi długopis mnie zobowiązuje. Życie zobowiązuje znacznie bardziej.

CZERWONY, ŻÓŁTY, CZARNY

[IGNACY BAUMBERG, ANESTEZJOLOG, KOORDYNATOR RATOWNICTWA MEDYCZNEGO]

Z doktorem Baumbergiem umówiliśmy się w dyżurce Lotniczego Pogotowia Ratunkowego na łódzkim lotnisku Lublinek. „Jak będzie mgła, to sobie pogadamy, a jak nie będzie, to gdzieś polecimy, a pan dziennikarz grzecznie sobie poczeka". Rozmowa telefoniczna z doktorem zwykle trwa godzinę. Ta na lotnisku trwała prawie cztery. Leżeliśmy rozwaleni na dyżurkowych tapczanikach, a doktor Baumberg opowiadał mrożące krew w żyłach historie i psioczył na ministerstwo. Cały czas trzymał jednak dystans, pokazywał, że najlepiej czuje się w towarzystwie takich jak on twardzieli w kombinezonach ratowników. Gdy odwoził mnie na dworzec, przyznałem się, że sam pracowałem kiedyś w ratownictwie. Od tej pory byliśmy już kolegami. Doktor opowiadał teraz o żonie, ukochanym psie i o grze na perkusji. Na dworcu kupił dwie drożdżówki, które zjedliśmy, milcząc, w przedziale. Później krótkie: cześć, do widzenia. Jakbyśmy schodzili z dyżuru.

„Gdyby katowicka katastrofa (zawalenie się dachu hali Międzynarodowych Targów Katowickich, które miało miejsce 28 stycznia 2006 roku, w katastrofie zginęło sześćdziesiąt pięć osób – przyp. red.) *zdarzyła się w Bydgoszczy czy w Lublinie, ofiar byłoby trzy razy tyle, bo tylko na Śląsku szpital i erka stoją co sto metrów" – wyznał odpytywany przez dziennikarza strażak. Jesienią 2005 roku jego scenariusz sprawdził się w praktyce. Pod Jeżewem zapalił się autokar wiozący pielgrzymkę maturzystów. Kilkudziesięciu rannych, deficyt karetek. Media pisały, że na miejscu panował chaos, że ludzie umierali w płonącym autokarze, bo ratownicy skupili się na lżej rannych. Załóżmy, że to pan przyjeżdża na miejsce zdarzenia, co pan wtedy robi?*

Najpierw proszę policję, żeby przegoniła media, które później wypisują takie idiotyzmy, jak te, które pan cytował. Straż pożarna zleciła szczegółową analizę akcji pod Jeżewem. Tam naprawdę zrobiono wszystko, by ograniczyć liczbę ofiar. Pierwsze jednostki dotarły na miejsce – prawie czterdzieści kilometrów od Białegostoku – piętnaście minut po zgłoszeniu. Ludzie, którzy wciąż znajdowali się w autokarze, z pewnością nie żyli, wszyscy inni dostali pomoc tak wcześnie, jak to było możliwe. Podobne zarzuty stawiano zresztą później także w Katowicach – że do czego to podobne, żeby karetka reanimacyjna wiozła człowieka ze złamaną nogą! A dlaczego miałaby nie wieźć, skoro pod halą czekało w gotowości kilkanaście karetek? Problem zaczyna się, gdy mamy wielu rannych i za mało ludzi i sprzętu, żeby obsłużyć wszystkich. Wtedy należałoby zacząć od segregacji, uruchomić system, który przyjęliśmy w straży pożarnej. Pierwsi ratownicy, którzy przybywają na miejsce wypadku, mają pół minuty na zbadanie każdego rannego i oznaczenie go plakietką. Kolor czerwony to znak, że człowiek potrzebuje pomocy natychmiast, żółty – że pilnie, zielony – że z działaniami ratowniczymi na razie można się wstrzymać, czarny – człowiek nie żyje, tą plakietką dysponuje tylko lekarz.

Czas, który można by poświęcić na ratowanie tego człowieka, poświęca się na rozdawanie plakietek?

Tak, bo to może uratować komuś życie. Kilka lat temu koledzy opowiadali mi o wypadku: samochód spadł z mostu do rzeki, na moście stoją cztery karetki i dwudziestu ratowników, ale tylko dwóch może zejść do wraku, w którym jest czterech ciężko rannych ludzi. Pytanie – kogo ratować najpierw? Dowódca szarpie się z decyzją, a sekundy lecą. System, o którym mówię, podpowiada: jeśli co najmniej jeden ranny należy do grupy czerwonej, a sił i środków jest za mało, by skutecznie pomóc wszystkim, którzy tego natychmiast potrzebują – uznajecie zdarzenie za masowe. I nie jest to tylko semantyczna gra, bo od tej pory macie prawo nie reanimować tych, u których już przy pierwszym badaniu nie stwierdziliście oddechu. Ranny bez oddechu dostaje od strażaka żółtą plakietkę; jeśli jest do niego dostęp, ratownicy układają go w pozycji bocznej bezpiecznej. Jeśli na miejscu jest lekarz – ma prawo od razu dać takiemu człowiekowi plakietkę czarną.

Skazać go na pewną śmierć?!

Nie lekarz skazuje, tylko ten, który go zepchnął z mostu, poturbował. Z medycznego punktu widzenia ten człowiek ma niewielkie szanse na przeżycie. Można co prawda podjąć próby zawrócenia go z drogi ku wieczności, ale za ich skuteczność nikt nie ręczy. A obok leży człowiek, który jeszcze żyje, ale na pewno umrze, jeśli nie zatamuję mu krwotoku z tętnicy. Zaraz mi pan powie, że nie po to płaci pan podatki, żeby później jakiś lekarz toczył nad panem subtelną grę, określając kolor, którym ozdobi pana kurtkę, zamiast za wszelką cenę próbować wyrwać pana z rąk śmierci. Problem w tym, że podobne pragnienia ma i ten drugi człowiek, który leży obok pana. I ktoś musi zdecydować, kto dostanie pomoc pierwszy.

Lekarz zmienia się w demiurga.

Nie musi. Wystarczy, by nie udawał, że jest kimś innym niż tylko człowiekiem. Ludzie, których uczę ratownictwa, próbują czasem w skrajnych sytuacjach od swojego człowieczeństwa uciec. Pytają mnie, czy nie można by do istniejących procedur, algorytmów dodać kilka innych. Jasne, że można. Możemy na przykład rozrysować schemat, który dowiedzie, że życie dziecka, które jest niesamodzielne, jest mniej warte niż życie kobiety, która przecież może urodzić kolejne dziecko i przedłużyć trwanie gatunku. Przecież to czysta paranoja. To zawsze będzie dylemat obciążający lekarskie sumienie. Taki mamy zawód. I tragiczny przywilej decydowania o tym, czy nasz podopieczny jeszcze żyje, czy przeniósł się do świata przedmiotów. Każdy, kto jeździł w zespołach reanimacyjnych, zna podobne sytuacje: próbuję przywrócić do życia ojca rodziny, a w każdy mój ruch wpatruje się w milczeniu gromada jego dzieci. Po półgodzinie wiem, że nic z tego nie będzie, muszę wyłączyć defibrylator, wstać, podać czas zgonu, spojrzeć tym dzieciom w oczy. Czy pan zdaje sobie sprawę, co to za uczucie iść przez pole pełne rannych, mówiąc: „czerwony", „czerwony", „żółty", „czarny"? Profesjonalizm w zdarzeniach masowych oznacza też, że jeśli pacjent umiera w karetce, załoga oddaje go do miejsca składowania zwłok i sama znów włącza się do akcji. Ma pan pojęcie, co czuje wtedy sanitariusz albo pielęgniarka?

Nawet nie chcę sobie wyobrażać.

I właśnie dlatego nikt normalny nie będzie zmuszał ratowników, żeby absolutnie precyzyjnie stosowali się do wymogów tego systemu, gdy czują, że nie dadzą rady. Nigdy nie wyeliminujemy ludzkich emocji. Przecież gdyby chodziło o moją siostrzenicę, reanimowałbym ją bez względu na kolor plakietki. Jeśli na miejscu zdarzenia mamy nieprzytomnego sześćdziesięciodziewięciolatka z otwartym złamaniem czaszki i dwudziestoczteroletnią przytomną ciężarną kobietę z krwawieniem położniczym, to choć oboje są „czerwoni", do szpitala najpierw pojedzie pani. Wie pan, po czym można poznać, że zespół karetki „R" lubi i szanuje swojego doktora? Po tym, że w dziesięć sekund wniesie na czwarte piętro dwadzieścia kilo sprzętu. Bo jeśli go nie lubi – będzie szedł równym rytmem. Bieganie jest przecież w ratownictwie wysoce niewskazane.

Moje życie ma zależeć od tego, czy dziesięć minut wcześniej sanitariusz nie pokłócił się z lekarzem?!

Za pięćdziesiąt lat będą do pana przyjeżdżać roboty, wtedy będzie miał pan pewność, że emocje zostały wyeliminowane. Ale dziś o przeżyciu rannych decydują także emocje ratowników. Również te pozytywne, popychające w stronę zachowań heroicznych. Trzeba je tylko umieć wyzwolić. Dobrze widać to choćby wśród strażaków. Doskonale ich rozumiem, bo większość poza strażą pracuje również gdzie indziej, ma sklepik z elektroniką czy interes bławatny, a raz na kilka dni wskakuje w mundur i zamienia się w *peacetime heroes* – to akurat pojęcie wymyślili Amerykanie, którzy kilkadziesiąt tysięcy rozjuszonych weteranów wracających z Wietnamu przerobili na paramedyków, by walczyli o życie i zdrowie rodaków. Ja też, podobnie jak ci strażacy, mam własną firmę, z niej żyję. Państwową służbę zdrowia i posadę zastępcy ordynatora rzuciłem kilkanaście lat temu, gdy po powrocie z dyżuru zastałem mieszkanie zalane przez starą lodówkę, w której zardzewiało mi dno, a nowa kosztowała sto piętnaście procent mojej pensji. Porozumienie jest więc, jak pan widzi, pełne. Na dyżurach siedzieliśmy czasem do późnej nocy i gdy nabrali do mnie zaufania, zaczęli mi opowiadać o Tadku, co zreanimował dwa psy, wdmuchując im do nosa powietrze, bo w końcu też mają prawo do życia, a uratowana z pożaru dziewczynka do końca życia miałaby traumę, że nie umiała uratować swoich ukochanych zwierzaków. O innej dziewczynce, którą udało im się uratować, mówili: satysfakcja, jakiej „wie pan doktór, nie daje nawet dziesięć tysięcy ugaszonych stodół". W tych ludziach, sklepikarzach i taksówkarzach – drzemie jakiś cudowny etos ratowniczy. Wspominał pan wypadek pod Jeżewem, tam na miejsce pierwsza przyjechała miejscowa drużyna OSP. Wśród strażaków, którzy nie tylko gasili, ale zakładali rannym opatrunki hydrożelowe, unieruchamiali kończyny, byli więc ludzie na co dzień trudniący się uprawą ziemniaków i żyta. To wszystko było możliwe, bo mieli w sobie dość zapału, żeby się przeszkolić i włączyć do krajowego systemu ratowniczo-gaśniczego, w którym są też wszystkie jednostki straży zawodowej. Zawodowi strażacy mają podstawowy sprzęt – tlen i opatrunki, jest z nimi łączność. Ochotniczych straży pożarnych jest w systemie trzy i pół tysiąca – kilka tysięcy ochotników jest przeszkolonych w pierwszej pomocy medycznej. To jest wielki ludzki potencjał. Problem w tym, że z Warszawy tego potencjału jakoś nie widać.

Może będzie widać, gdy rząd skończy wreszcie prace nad ustawą o ratownictwie medycznym, którą obiecuje się nam już od kilku lat.

Pan żartuje? Dziś w wielu zakątkach Polski wciąż mamy do czynienia z paranoją. Tam, jeśli będzie miał pan wypadek na granicy powiatów, piętnaście kilometrów od miasta A, a pięć od miasta B – strażacy przyjadą do pana najkrótszą drogą z miasta B, ale karetka będzie się tłukła z miasta A. Bo straż to służba ogólnokrajowa, a pogotowie – powiatowa. Prasa opisywała przypadki typu „przeciąganie trupa przez mostek". Projekt, przerabiany praktycznie co kilka tygodni, obecnie przenosi te dylematy z poziomu powiatu na poziom województwa. Ale wciąż na siłę kreuje dwa różne światy – „przedszpitalny" i „szpitalny". A przecież chory, do jasnej cholery, jest jeden! I dlatego ratowaniem ludzi musi zacząć w końcu rządzić centralny system, niepoddający się widzimisię lokalnego szefa NFZ, który często wychodzi z założenia, że skoro przyjechali z Azji magicy i smarują wszystkich chętnych niebieską maścią, przez co bankrutują szpitale – to trudno, bo takie są prawa rynku, a za „nadwykonania" się nie płaci.

W pana kuszącej wizji jest jednak niepokojący pierwiastek – wyspecjalizowane służby zastępuje rodzaj pospolitego ruszenia.

To pospolite ruszenie nie zastąpi lekarza, ale bywa, że tylko dzięki niemu lekarz ma kogo ratować. Na miejscu wypadku naprawdę będzie miało dla pana znaczenie, czy tlen podaje panu felczer, czy ratownik po tysiącu kursów? Byłem pierwszym lekarzem, który w pamiętnym tekście w „Gazecie Wyborczej" wypowiadał się pod nazwiskiem o łódzkich „łowcach skór". Przecież to byli kwalifikowani ratownicy z karetek. Co nie przeszkodziło im porwać się na niewyobrażalne dla przeciętnego człowieka s...syństwo. Uzdrawiania tego systemu nie powinno się zaczynać od pompowania strumieni pieniędzy w nowe erki. Naprawdę lepiej wyposażyć w GPS te, które już mamy. Sytuacji nie poprawi pospieszna, bezmyślna zamiana trzech numerów alarmowych na jeden 112 albo akademicka debata o tym, czy w ratownictwie lepszy jest europejski system *stay and play* (zastosuj leczenie na miejscu) czy amerykański *scoop and run* (łap chorego na nosze i gnaj do szpitala). Trzeba zacząć od zrobienia porządku z tym, co już jest i co ludzie mają w głowach. Uciąć spory o to, kto jest ważniejszy: straż, pogotowie czy szpital. I uznać, że na danym terenie to szpital jest centrum, które ma zapewnić obywatelom poczucie bezpieczeństwa, gdy nie daj Boże coś im się stanie. To właśnie szpital wyciągnie wtedy do nich rękę w postaci karetki, a jeśli ręka nie będzie mogła sięgnąć tam natychmiast – wyciągnie palec, czyli wyposażonych w łączność i przeszkolonych strażaków, harcerzy czy ratowników górniczych. To szpital później odda im zużyty bandaż albo przyjmie fakturę za pranie pobrudzonego przy reanimacji płaszcza.

I jeszcze jedno. System ratowniczy w Polsce nie zacznie działać, dopóki obywatele się nie nauczą, że nie dzwoni się po erkę, jak się ma kaszelek. Kaszelki to zajęcie dla lekarzy rodzinnych. Powinni tak jak na Zachodzie skrzyknąć się w czterech czy pięciu i ustalić, że raz w tygodniu jeden z nich przez całą dobę dyżuruje przy telefonie albo jedzie do pacjenta i przepisuje mu mleko z miodem. Czy pan wie, że w Polsce każdego roku około dwóch tysięcy ofiar wypadków drogowych ginie między miejscem wypadku a szpitalem? Pewnie dla połowy z nich to nie był jeszcze ich czas. Ale umarli. Bo karetka mogła być kilka minut wcześniej, ale nie była, bo pojechała do ataku kichania, bo świadkowie zdarzenia stali i gapili się jak sroka w gnat... Kto ratuje jedno ludzkie życie, ratuje cały świat. Slogan? Niech pan to powie żonie człowieka, który zginął dziś w jakimś wypadku. Albo jego dzieciom.

NOTA OD WYDAWCY

Wywiady *Człowiek umiera dwa razy*, *Mądrość bólu*, *Życie dłuższe niż tydzień*, *Czerwony, żółty, czarny* zostały opublikowane na łamach „Rzeczpospolitej" między październikiem 2005 a kwietniem 2006 roku. Wywiady *Pamięta pan Hioba?*, *Ludzie wierzą. Ja czekam*, *Do granic możliwości*, *Szczyt za mgłą* ukazały się w tygodniku „Newsweek Polska" między lutym 2007 a styczniem 2008 roku.

SPIS TREŚCI

Społeczny Instytut Wydawniczy Znak,
ul. Kościuszki 37, 30-105 Kraków. Wydanie I, 2008.
Druk: Drukarnia Wydawnicza im. W.L. Anczyca S.A.,
ul. Wrocławska 53, Kraków.